权威·前沿·原创

皮书系列为
"十二五""十三五"国家重点图书出版规划项目

B

BLUE BOOK

智 库 成 果 出 版 与 传 播 平 台

冰球运动蓝皮书

BLUE BOOK OF
ICE HOCKEY

中国冰球运动发展报告
（2019~2020）

ANNUAL REPORT ON DEVELOPMENT OF ICE HOCKEY
IN CHINA (2019-2020)

研　创／北京体育大学中国体育战略研究院
主　编／张好雨　李龙谋
副主编／宋赫民　王德显　韩华

社会科学文献出版社
SOCIAL SCIENCES ACADEMIC PRESS（CHINA）

图书在版编目（CIP）数据

中国冰球运动发展报告. 2019 - 2020 / 张好雨，李龙
谋主编. -- 北京：社会科学文献出版社，2020.9
（冰球运动蓝皮书）
ISBN 978 - 7 - 5201 - 7174 - 8

Ⅰ.①中…　Ⅱ.①张…②李…　Ⅲ.①冰球运动 - 发
展 - 研究报告 - 中国 - 2019 - 2020　Ⅳ.①G862.3

中国版本图书馆 CIP 数据核字（2020）第 159867 号

冰球运动蓝皮书
中国冰球运动发展报告（2019 ~2020）

主　　编／张好雨　李龙谋
副 主 编／宋赫民　王德显　韩　华

出 版 人／谢寿光
组稿编辑／祝得彬
责任编辑／郭红婷

出　　版／社会科学文献出版社·当代世界出版分社（010）59367004
　　　　　地址：北京市北三环中路甲 29 号院华龙大厦　邮编：100029
　　　　　网址：www.ssap.com.cn
发　　行／市场营销中心（010）59367081　59367083
印　　装／三河市东方印刷有限公司

规　　格／开　本：787mm × 1092mm　1/16
　　　　　印　张：11.75　字　数：129 千字
版　　次／2020 年 9 月第 1 版　2020 年 9 月第 1 次印刷
书　　号／ISBN 978 - 7 - 5201 - 7174 - 8
定　　价／128.00 元

本书如有印装质量问题，请与读者服务中心（010 - 59367028）联系

冰球运动蓝皮书编委会

主要编撰者简介

张好雨　管理学博士，北京体育大学体育商学院讲师。研究方向为组织行为学、人力资源管理、战略管理、体育产业与政策。在《经济科学》《管理现代化》《现代管理科学》《中国环境管理》《领导科学》《金融学季刊》等期刊发表多篇学术论文。

李龙谋　著名冰球评论员，前昆仑鸿星副总裁兼球队副总经理，国际冰球联合会和中国冰球协会认证裁判（三级）、国家冰球联盟球员工会认证持证经纪人。长期担任国家冰球联盟和北京市冰球运动协会竞赛部顾问、中央电视台和腾讯体育冰球比赛转播嘉宾。

宋赫民　经济学博士，北京体育大学体育商学院讲师。研究方向为体育产业管理、体育企业国际化、体育消费行为。

摘　要

本报告由北京体育大学研究人员联合国内冰球领域专家、学者共同完成。全书由总报告、专题篇、案例篇、借鉴篇和附录构成，回顾了中国冰球运动的发展历程以及国家冰球联盟（NHL）在奥运会的发展史，分析了中国国家冰球队面对的机遇和挑战，探讨了中国冰球在赛事体系、培训市场、区域发展以及俱乐部等方面的发展现状。

中国冰球实力与世界冰球强国相比仍有较大差距，国家冰球队亟须提高竞技实力备战2022年北京冬奥会。冰雪政策落地难、冰球基础设施薄弱、后备人才短缺、赛事平台支撑不足等问题成为制约中国冰球运动发展的重要因素。对此，一是加大财政扶持力度，解决基础设施缺乏等问题；二是借鉴芬兰、加拿大等冰球强国的人才培养模式，构建适合中国的多元化冰球人才培养体系；三是提高冰球运动员相关待遇、扩宽运动员的深造路径以及出台退役保障措施，解决冰球后备人才的后顾之忧；四是借鉴国际优秀球队的训练经验，构建多元化训练模式，提高球队竞技水平；五是打造赛事品牌，搭建平台，积极与国际高水平联赛对接。

尽管目前中国冰球实力较弱、群众参与率不高，但具有强大的市场潜力，吸引了众多省份和俱乐部投身其中，有利于推动中国冰球可持续发展。作为中国冰球运动的发源地，黑龙江省结合区域优

势、依托政策红利，从冰球运动强省发展为冰球产业强省。作为冰球运动发展的风向标，俱乐部在中国冰球改革大潮中发挥着重要作用。北京昆仑鸿星冰球俱乐部加入世界顶级冰球联赛，成为中国冰球职业俱乐部的"对外窗口"，在中国冰球运动对外交流中发挥着重要作用。华星辉煌体育管理有限公司致力于发展青少年冰球培训，通过优化培训教育体系、引入顶级赛事体系、创新科技服务体系以及完善场馆保障体系，成为青少年冰球培训市场的领航者。

关键词：冰球运动　冰球俱乐部　冬奥会

目　录

Ⅰ　总报告

Ⅱ　专题篇

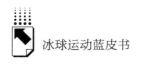
Ⅲ 案例篇

Ⅳ 借鉴篇

Ⅴ 附录

皮书数据库阅读**使用指南**

总 报 告

General Report

B.1

中国冰球运动发展：回顾与展望[*]

张好雨^{**}

摘　要： 本文简要回顾了冰球在中国的发展历史，介绍了中国冰球运动现阶段的发展情况以及机遇与挑战，展望了其未来发展趋势。现阶段，中国冰球运动虽然步入发展快车道，但仍面临缺乏大众认同、竞技水平较低、供给侧匹配较弱等问题。随着冰雪产业的发展，预计冰球市场将以北京冬奥会为分界点由快转稳向好发展；广泛的冰球文化认同能够有效挖掘冰球市场潜力；以科技创新为基

* 感谢庞念亮老师为本文提供重要的调研资料与参考素材。
** 张好雨，管理学博士，北京体育大学体育商学院讲师，研究方向为组织行为与人力资源。

础的供给侧改革将推动中国冰球市场发展；竞技冰球水平提高与群众广泛参与将激发冰球市场整体活力；融合创新，打造多位一体的冰球大生态圈。

关键词： 冰球运动 北京冬奥会 冰球产业

一 中国冰球运动发展历程

纵观中华人民共和国成立以来冰球运动的发展历程，根据阶段性的发展特征可分为五个阶段，即第一阶段为初步发展期（1949~1969 年），第二阶段为曲折发展期（1970~1978 年），第三阶段为辉煌发展期（1979~1995 年），第四阶段为困顿低潮期（1996~2015 年），第五阶段为自 2015 年至今的奋起改革期。下面将依照阶段进行阐述。

（一）初步发展期（1949~1969 年）

中华人民共和国成立后，党和国家领导人十分重视人民的体质健康问题，多次对开展体育运动做出决议和指示。1952 年，毛主席提出"发展体育运动，增强人民体质"[①]；1954 年，党中央做出决议，指出"改善人民健康状况、增强人民体质，是党的一项重

---

① 中共中央文献研究室编《毛泽东著作专题摘编》（下），中央文献出版社，2003，第 1650页。

要政治任务"。① 在党和政府一系列方针、路线与政策的指导下，黑龙江、吉林、辽宁、新疆、内蒙古、北京、天津、河北等北方省份开始修建、扩建冰雪运动场地，各地掀起了一股冬季体育热潮。

1. 初步普及发展

1953 年 2 月，中国第一届全国冰上运动会在哈尔滨召开，来自北方地区的 5 支冰球代表队参加比赛。这次比赛极大地激发了各地对冰球运动的热情。1954 年，哈尔滨市率先成立了中国第一支长期集训的专业冰球队；1955 年，哈尔滨率先建立了业余滑冰学校，开办了冰球班，开展冰球青少年培训建设。此后，齐齐哈尔、长春、佳木斯、牡丹江、延边、哈尔滨等市以及体育院校纷纷组建了冰球队。北方很多城市在发展业余体校、重点体校的过程中也开始培养青少年冰球运动员，业余体校逐渐成为中国冰球运动发展和人才培养的主要来源。

1955 年，第 2 届全国冰上运动会召开，冰球参赛队伍已增至 9 支。从 1955 年起，每年举行一次全国冰球比赛（1961 年困难时期停赛），直至 1966 年中断。全国冰球比赛于 1957 年开始实行分级比赛，分为成年组、少年组。随着参赛省份的增多，1958 年，全国冰球比赛的成年组又分为甲、乙两级。

随着全国冰上运动会与全国冰球比赛的举办，冰球受到很多地方政府的重视，北方有条件的工厂、企业、机关、学校、部队等单位纷纷修建冰场，组建冰球队。据记载，到 1958 年，冰球运动已在 14 个省、市、自治区，50 多个市、县得到推广，从事冰球运动

---

① 《建国以来重要文献选编》第 5 册，中央文献出版社，1993，第 9 页。

的人数达 17 万多人，冰球队有 370 多支。

2. 提高竞技水平

1956 年春，中国大学生冰球队参加了在波兰举行的第 11 届世界大学生冬季运动会。这也是中国冰球队首次参加国际比赛。尽管中国冰球队水平与国外差距较大，但竞赛交流让中国冰球运动员开阔了眼界，初步了解了世界冰球运动的发展趋势和特点，积累了国际比赛经验，不仅学习了冰球技战术，也增进了与国外冰球运动员的友谊。1956 年底，中国邀请捷克斯洛伐克的维特科维茨"班尼克"冰球队到中国进行访问交流，并邀请冰球专家约瑟夫·库茨到中国举办教练员培训班。

1957 年，日本国家冰球队到访中国，在北京进行了 5 场比赛。同年 7 月，国际冰球联合会代表大会正式通过决议，接纳中国为国际冰球联合会会员。这为中国冰球与世界冰球的沟通、为中国冰球走向世界参加世界锦标赛创造了条件。1966 年，波兰冰球队来华交流，中国球队以 6 胜 1 平的成绩大胜波兰队。这一阶段中国涌现出一批优秀的冰球运动员，冰球竞技水平快速提高。

3. 遭受挫折停顿

1960 ~ 1962 年国家面临社会经济困难，全国冰球活动较少。1960 年，除全国冰上运动会的冰球比赛外，只进行了全国乙级队联赛，1961 年则没有举办冰球竞赛活动，1962 年只举行了 1 次全国甲级联赛。到 1964 年，全国优秀冰球队仅剩下 3 支。

"文革"时期，冰球运动发展受到严重影响。大批优秀冰球运动员离开运动队和业余体校；冰球队解散，场地器材被毁坏，训练比赛停止。初步发展的中国冰球受到了巨大的冲击，运动技术水平急剧下降，与世界高水平冰球队伍的差距也进一步拉大。

（二）曲折发展期（1970～1978年）

1. 抓住机遇，恢复发展

1970年，为了庆祝"八一"建军节和首都体育馆落成，国家决定在7月举行一次冰上汇报表演。冰球界的庞杰、金铭和孙梦熊等人多次赴京请示汇报，争取到冰球比赛参加表演的宝贵机会。这是中国冰球运动在"文革"期间的一次重大转折。黑龙江、吉林与北京市的4支冰球队在首都体育馆进行了4轮25场比赛。精彩的比赛吸引了近10万名观众，重新唤起了人们对冰球运动的喜爱和关注，一些城市和地区相继重新组建冰球队。

1972年6月，国家体委召开了全国冰球座谈会，在回顾中国冰球运动历史经验与教训的基础上，就冰球运动的新发展提出了战略性要求。这次会议促进了中国冰球运动的恢复，也为未来的冰球运动发展奠定了基础。

1973年1月中下旬，全国冰上运动会在吉林市举行，来自黑龙江、吉林、新疆、内蒙古、宁夏的16支代表队、780多名运动员参加了速度滑冰、花样滑冰和冰球比赛。参加冰球比赛的24支球队共进行了133场比赛。此后，1974～1978年连续举办了全国性的冰球比赛。1979年，全国冰球联赛开始分甲级、乙级进行，并实行升降级制度。这些比赛极大地锻炼了冰球队伍，提高了国内冰球队伍的竞赛水平。1976年，长春与哈尔滨两个大型冰上运动基地建成。露天人工冰球场的建设与投入使用，初步改变了中国冰

球训练的环境，也为提高中国冰球的竞技水平创造了条件。

2. 扩大交流，快速提高实力

1971 年 10 月，国家组织了 114 名运动员进行集训、选拔组队，与来访的罗马尼亚冰球队进行了友谊赛。通过与外国运动员共同训练、混合编队比赛、交流训练方法和经验等方式，中国冰球队的技术水平得到了较快的提高。1972 年 3 月，中国组建国家男子冰球队赴罗马尼亚，第一次参加世界冰球 C 组锦标赛。在与欧洲 7 支强队的比赛中，中国冰球队取得了第 3 名的好成绩。

在党和国家的重视下，1973～1976 年中国冰球队先后出访 10 余个国家并接待了许多国家冰球队的来访，考察、学习、研究怎样赶上国外，不断提高冰球竞技实力。1973 年，加拿大雷鸟冰球队来访。1977 年，哈尔滨冰球队以 5∶1 战胜了来访的日本冰球队，这是中日两国冰球队自 1957 年开始交流以来，中国首次战胜对手。1978 年，中国邀请了加拿大著名教练伊乌斯·亨特来华讲学。通过学习北美现代冰球技战术理论与训练方法，提高中国冰球运动的发展水平。1979 年，在联邦德国甲级冰球队伍的两场比赛中，中国队取得了全胜。这不仅振奋了中国冰球界，而且意味着中国的冰球运动逐渐恢复了实力并缩小了与国外强队的差距。

（三）辉煌发展期（1979～1995年）

这一阶段，中国冰球处于快速发展的辉煌时期。国家层面上，国家体委在 20 世纪 80 年代末增设了训练竞赛五司（1994 年改制为国家体委冬季运动管理中心），专门负责冰雪项目发展。在冰球领域，一方面，陆续成立了国家冰球队、中国冰球协会、冰球教练员委员会、冰球裁判员协会等专业机构，加强了对中国冰球运动的组织和管理；另一方面，加强教练员队伍培训工作，加强国际交流，提高教练员与运动员的业务水平。在地方层面，各地也在探索改革，建立冰球单项的优秀运动队—重点业余体校—业余体校—基点校的训练体系，加强了冰球后备人才培养与专业队的衔接，推行主教练负责制和教练员聘任上岗，推行运动队与企业联合办队，鼓励社会举办竞赛活动，引进竞争机制。在国家和地方两个层面的积极推动下，冰球运动在大众普及与竞技水平两个方面都获得了较好的发展。

1. 走向国际，扩大影响力

1978 年年末，在北京首都体育馆举办了芬兰、罗马尼亚、联邦德国、日本、中国 5 个国家的冰球队参加的"北京国际冰球友谊赛"。这是中国第一次举办国际性的冰球比赛。此次比赛提高了中国冰球队的技战术水平，也积累了举办大型国际冰球赛事的经验。

20 世纪八九十年代，世界冰球锦标赛根据各参赛队伍的竞技水平，分为 A 组、B 组、C 组。1981 年，中国承办了世界冰球 C 组锦标赛，共有来自中国、奥地利、匈牙利、丹麦、法国、保加利亚、韩国和英国的 8 支队伍参加。这也是该项赛事第一次在亚洲举办。中国队在这次比赛中以 6 战 5 胜 1 负的成绩获得 C 组第 2 名，实现了晋级 B 组的目标。这是当时中国冰球队自 1972 年参赛以来，取得的最好成绩。

中国队在世锦赛中的胜利扩大了冰球运动在中国的影响力，振奋了冰球工作者的精神，也极大地促进了中国冰球运动的发展。1981 年，国务院批准在哈尔滨常设国家冰球队，有效集中各种资

源长期进行训练。国家冰球队相继聘请了苏联与捷克斯洛伐克的冰球教练来华讲学和执教，加强国际冰球交流学习，改进训练理念、技术与方法，以提高国家冰球队的竞技水平。国家冰球队也在不断地改革，探索适合国家冰球队管理运行的模式。例如，1986年实行"双国家集训队"改革；1987年将国家冰球队移交给黑龙江省进行直接管理；1990年撤销常设国家冰球队，实行以全国冰球比赛冠军队为主的组队模式等。

2. 冰球运动领先亚洲，女子冰球队绽放光彩

20世纪八九十年代，中国冰球运动获得快速发展，无论是在青少年中的普及，还是专业队伍的男子、女子全国联赛，都获得了极大的发展。在传统的冰雪强省黑龙江与吉林，很多大型工厂、学校与机关单位组建了冰球队。20世纪80年代，最多时有17支地方冰球队参加全国冰球男子甲级联赛，齐齐哈尔冰球队、哈尔滨队、八一队、佳木斯队等冰球队相继获得过全国冠军。

1983年，齐齐哈尔、鸡西、哈尔滨相继成立了女子冰球队。此后，牡丹江、佳木斯、吉林等城市也成立了女子冰球队。1985年1月，哈尔滨市女子冰球队被纳入体工队。1985年2月，黑龙江省首届女子冰球邀请赛在哈尔滨举行。1986年1月，首届全国女子冰球邀请赛在鸡西市举办，有8支球队参赛。1989年，哈尔滨市女子冰球队应邀参加日本第7届女子冰球锦标赛，以全胜对手的成绩在日本引起轰动。1989年4月，中国首届女子冰球锦标赛在哈尔滨举行，有8支队伍参赛。

1986年春天，第一届亚洲冬季运动会在日本札幌举行。中国国家冰球队以6战5胜1平的成绩获得冠军，为中国赢得了第1枚

冰球金牌。亚洲冬季运动会结束后，国家冰球队又远赴西班牙参加国际冰联世界锦标赛 C 组赛，最终以小组第 2 名晋级 B 组。1990年春天，国家冰球队在第二届亚洲冬季运动会上再次获得冰球比赛冠军。1992 年，国家冰球队在丹麦哥本哈根举行的世界冰球锦标赛 C 组赛中获得了第 2 名，晋级 B 组。成立于 1991 年的中国国家女子冰球队在 1992 年的世锦赛上取得第 5 名的成绩。

（四）困顿低潮期（1996～2015年）

1. 国内球队减少

从 20 世纪 80 年代中期开始，由于体制改革以及"全运会战略"的影响，很多地方体育部门和单位相继调整竞技项目布局。与很多夏季项目、短道速滑和花样滑冰等冬季项目相比，冰球作为唯一的冬季集体对抗性项目，资金投入最大、人才培养周期最长，逐步受到冲击。八一队、火车头体协队、牡丹江队、长春队等传统冰球强队相继解散；北京、山西、内蒙古、河北、新疆等省、市、自治区、直辖市的冰球队也逐渐解散。20 世纪 90 年代中后期，很多支持冰球发展的传统厂矿企业陷入经营困境，冰场与球队也因此急剧缩减，大众冰球运动发展失去依靠。

由于地方政府与单位减少了对冰球队的支持，冰球联赛的市场化与产业化程度低，无法为参赛球队创造足够的经济来源。冰球队面临经费不足、工资低、待遇差的困境，进而造成人才大量流失。在没有强大经济支持的情况下，那些依赖企业、学校等支持的齐齐哈尔、佳木斯、鸡西、黑河、吉林等地区的女子冰球队难以为继而相继解散，到 20 世纪 90 年代中期，仅有少量编制的哈尔滨市专业

女子冰球队，只能依靠与男子冰球队进行赛练提高水平。

面对如此困境，国家体育总局冬季运动管理中心在20世纪90年代中期着手改革冰球竞赛制度，推动全国冰球比赛的市场化、职业化，例如支持球队引入外籍球员、实行主客场制、支持市场开发等。同时出台改革文件，采取加强媒体宣传、吸引企业赞助、改革中国冰球协会、强化国家队管理督导等措施。但这些举措未能有效改变中国冰球持续衰落的整体趋势。1999年，吉林队解散后，全国冰球比赛仅剩3支球队，变成哈尔滨队、齐齐哈尔队与佳木斯队的比赛。冰球联赛的电视转播权、门票、广告等产业也无人问津。

2. 后备人才出现断层

在相关冰球政策支持与资金支持大量减少的形势下，很多体校取消了冰球队，中国冰球的后备梯队与人才培养日益艰难。截至2014年，中国专业冰球运动员不足500人，国内可用室内冰场仅有100多座且绝大多数小于1000平方米，开设冰球课程、组建冰球校队的学校更是屈指可数。

3. 国家队成绩下降

面对国内联赛队伍少、竞赛水平下滑的现状，中国冰球协会在国际冰球联合会的支持下联合日本、韩国与俄罗斯的冰球组织，在2004年9月发起了亚洲冰球联赛。可是，直到2017年，中国冰球队在亚洲冰球联赛的成绩始终排在底端。在国内冰球人才少、待遇低、后备力量断层的情况下，尽管国家队管理层做出了聘请外教团队、出国集训、与北美国家冰球联盟鲨鱼队合作、参加亚洲冰球联赛等诸多探索，在国际冰球职业化快速发展的背景下，中国国家男子冰球队在国际上的比赛成绩还是很不理想，在亚洲已经被日本、韩国和哈萨克斯坦超越。

依靠较好的班底及长期与男子冰球队的训练，中国国家女子冰球队尽管人数极少，但还是保持着较好的竞技水平。中国国家女子冰球队在 1994 年第 3 届世界女子冰球锦标赛上获得第 4 名的成绩，在 1996 年第 3 届亚洲冬季运动会上赢得冠军，在 1998 年长野冬奥会上排在第 4 名。进入 21 世纪以来，国际女子冰球迅猛发展，但由于中国优秀女子冰球运动员退役及后备人才不足，中国国家女子冰球队的世界排名也下降了。

（五）奋起改革期（自2015年至今）

1. 民间的推动

近年来，在北京、上海等大城市出现了一些主营少儿冰球培训的业余冰球俱乐部。这些俱乐部建冰场、做宣传、聘请教练、招收学生，开展青少年冰球培训，并逐步联合起来，成立地方协会、举办各类青少年冰球联赛。依托商业运营的业余冰球俱乐部，很多儿童少年冰球队纷纷建立，为国家冰球队的人才选拔提供了新的源泉。

2. 政府的大力支持

2015 年北京成功获得 2022 年冬奥会举办权，党和国家领导人高度重视冰雪运动的发展，各级政府相继出台了一系列政策、投入大量资金推动冰雪运动的普及与提高，如《体育发展"十三五"规划》《冰雪运动发展规划（2016—2025 年）》《全国冰雪场地设施建设规划（2016—2022 年）》《关于以 2022 年北京冬奥会为契机大力发展冰雪运动的意见》等。社会资本也纷纷因势而动，投资

冰球相关产业。这些都为中国冰球的快速发展提供了支持。

3. 中国冰球协会深化改革

中国冰球协会抓住这个重大的战略机遇期，相继推出了一系列革新措施，以全面普及中国冰球运动。

第一，加强协会自身建设，稳步推进协会实体化、社会化改革。2017年6月，中国冰球协会组建新的领导团队，吸纳各类优秀人才充实协会岗位，学习国际体育组织的管理经验，深入调研中国冰球的情况与问题，以协会实体化、社会化改革为突破口，全面深化冰球管理体制改革。

第二，"以备战促改革，以改革强备战"，为2022年北京冬奥会做好准备。协会推动各地冰球主管机构与社会力量合作成立冰球俱乐部，系统筹划国内职业联赛，支持俱乐部参加大陆冰球联赛与丝路冰球超级联赛；成立中国冰球运动学院，建立冰球青少年培训体系；开展跨国合作，建立海外基地，派出精选队伍赴海外开展长期训练和比赛；举办全国冰球锦标赛，调动地方政府发展冰球的积极性。2018年5月，协会成功争取到中国国家冰球队参加2022年北京冬奥会的直通资格。这极大地鼓舞了中国冰球界，更为中国冰球发展创造了难得的发展机遇。为了增强主场优势、普及冰球文化、丰富办赛经验，中国冰球协会还在2019年4月成功举办了国际冰联女子冰球世锦赛甲级B组赛。

第三，以青少年为中心大力推广群众冰球运动。首先，积极推动各地方成立冰球协会，聚集各方力量发展地方冰球运动。其次，借鉴国外青少年培训体系，举办冰球青少年训练营，组织专家编写冰球训练图书，翻译出版国际冰球联合会的《冰球规则》等资料，为中国冰球普及提供优质资源。再次，建立青少年冰球运动技能等级标准，推广"冰球进校园"计划。最后，统筹规划国内青少年冰球比赛，推广全国青少年（中小学生）U 系列冰球锦标赛、中小学生冰球比赛、青少年冰球俱乐部联赛等赛事，调动各类参赛主体加大对青少年冰球训练的投入，推动国内青少年冰球比赛步入正轨。

第四，加强冰球行业管理，支持冰球产业发展。协会构建了冰球从业人员的标准体系，加强对教练员、裁判员、制冰师、器械师等人员从业资质的培训与管理；加强对国内冰球赛事的监管，提高赛事运作质量；提高冰球场馆建设与器材装备方面的标准，推动冰球产业健康有序发展。

二 中国冰球运动的发展机遇

（一）国家战略宏观规划，顶层设计与基层实践稳步推进

1. 把握新时代体育发展机遇，扩大专项运动的认知度和影响力

十九大报告指出："中国特色社会主义进入新时代，我国社会主要矛盾已经转化为人民日益增长的美好生活需要和不平衡不充分的发展之间的矛盾。"对于体育行业而言，机遇与挑战并存，包括：实现体育产业的供给侧改革，加速推进体育治理现代化、体育组织管理模式创新，推动旧有的竞技体育举国体制稳步进行自上而下的内生式变革。

新时期新需求下，体育除竞技内核外，也应广泛挖掘和衍生其多元含义。当下，结合国家出台的一系列体育行业相关宏观规划、

体制创新办法和改革要求，可以看到以下两个发展规划展望：第一，广泛开展全民健身，提高国民身体素质，促进国家整体健康状况向好，发挥体育的社会效益；第二，保障体育产业蓬勃发展，推动体育产业供给侧改革，增强体育市场活力，发挥体育产业的经济效益。国民健康、新兴产业发展、产业供给侧改革和体育之间的关系密切，紧扣顶层设计规划方向，探索全方位调动体育力量，实现保障民生、增进人民福祉的路径。

2. "健康中国" "全民健身" 提出新需求

"十三五" 规划提出了 "推进健康中国建设" 的整体构想，并进一步指出 "广泛开展全民健身运动"，"实施全民健身战略"。①这为体育融入国民生活提供了新思路和新角度，在保障和促进 "全民健身" 方面，体育将发挥重要作用。

2016 年 6 月，国务院印发《全民健身计划（2016—2020年）》，提出 "弘扬体育文化，促进人的全面发展"，倡导健康文明的生活方式。民众的体育健身需求日益多元化和多样化，应把握 "全民健身" 发展内涵和趋势的深刻变化，丰富体育文化、深化体育内涵、盘活体育市场资源供给、稳步开展体育运动体系保障和法律建设。2016 年 10 月，中共中央、国务院印发了《"健康中国2030" 规划纲要》，对 "健康中国" 建设给出了更为具体、可操作的建议，如从影响健康的因素入手的新角度。因此，产业融合视域下的 "体育＋医疗" "体育＋康养" 等 "体育方案" 大量提出，

① 《国民经济和社会发展第十三个五年规划纲要（2016—2020 年）》，共产党员网，http://www.12371.cn/special/sswgh/wen/#14。

融合体育运动的实现健康的新思路被广泛采纳并应用，体育运动对国民生活的影响力显著提高。

"全民健身"在中国的全面展开标志着体育在国民社会生活中将扮演越来越重要的角色，也是体育社会效益进一步发挥、增进人民福祉的体现。基于此，只有真正地福泽人民、增益群众，外来的专项运动才能在中国社会文化土壤中扎根并不断发展。

冰球运动在中国的发展历史较短，面临着群众基础较为薄弱、社会参与受到一定程度的制约等问题。从长远推广的角度来看，应更大程度上回归项目本身，将冰球运动自身的诸多特性与群众体育运动体系的构建和推广需求结合起来。

首先，冰球运动作为一项集体运动，能够吸引多人共同参与。结合中国当下城市治理的精细化和公共事业管理的现代化，新型的社区构建形式和人民日益增长的休闲娱乐需要为项目推广提供了重要的主客观条件。

其次，冰球运动具有较强的互动性和趣味性，具有社交功能，有助于培养团队意识和增进情感。冰球运动的社会效益不仅在于强身健体，而且愉悦身心，丰富、充实了群众的休闲生活，能够满足民众多层次的体育需求，有长期组织推广的潜力。

最后，开展冰球运动本土化实践，充分发挥其运动优势。冰球运动的对抗性强、有激烈的身体冲突，这些因素在一定程度上制约了冰球运动在群众体育尤其是"全民健身"中的推广。但是通过冰球运动在中国的本土化实践和改革，对冰球运动进行科学、合理的解构和再建构，灵活地调整场地规制和条件、改善强对抗性技术动作、降低参与门槛，变劣势为优势，使冰球运动在中国的群众体

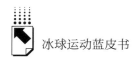
育事业中焕发新的活力，可在适应具体国情、国民身体素质的条件下满足最广泛的需求。

3. 法律保障和体制改革，推动体育产业发展

《中华人民共和国体育法》自 1995 年实施以来共有两次修改。第一次是 2009 年 8 月通过的《全国人民代表大会常务委员会关于修改部分法律的决定》，放宽了对特定竞技体育器材购买的限制，国务院行政部门指定机构的审定将不再是购买准许的必要条件。第二次是 2016 年对《中华人民共和国体育法》的修订，删去了 1995 年《中华人民共和国体育法》第三十二条："国家实行体育竞赛全国纪录审批制度。全国纪录由国务院体育行政部门确认。"这意味着在全国范围内的体育竞赛纪录项目不再采用行政审批的管理方式，而是由全国各单项体育协会采取"行业自律"的形式自行确定。体育法的两次修改在一定程度上反映了体育行业治理现代化、政府的分权化改革，政府的工作重点由严格的审批管理转变为对行业的监管和相关业务指导。

在法律层面推动政府职能转变、激发社会活力的同时，体制机制改革、探索新兴的管理模式也势在必行。自 1986 年起，体育体制改革就对运动项目协会实体化展开试点工作，至今，运动项目协会实体化改革已经历了三大阶段，改革的具体举措顺应时代需求不断创新。

在运动项目的发展过程中，其需求复杂而广泛，固化的管理模式无法适应其需求的变化。尤其是冰球等在国内竞技基础较为薄弱、高水平对抗性资源稀缺、对场馆设施和科技管理水平有较高要求的冰雪运动项目，需要专项协会或类似职能机构进行精细化管

理，制定灵活可变、不断适应现实发展状况的规则，采取机动有效的管理措施。

2017 年 5 月中国国家冰球俱乐部成立，此次将冰球专项运动国家队升级为专项国家俱乐部的重要举措被视为中国冰球改革发展的里程碑。国家冰球俱乐部的成立改变了以往国家直接进行人才选拔培养的管理模式，首次采用多个部门主体"合作共建"的新型管理模式。国家俱乐部由中国冰球协会、黑龙江省体育局和北京昆仑鸿星冰球俱乐部三方共同建立。这种新的合作模式与旧体制相比有以下两个方面的突破。

其一，在人才管理办法上，实行"优胜劣汰"制度考核，活化体制构建；打破人才身份壁垒，突破地域、国籍限制，设计灵活的人才选拔、招募、合并制度。

其二，在管理主体效用发挥上，三方管理主体各施所长，实现最优资源配置。将"以赛代练"作为竞训目标，通过多元管理主体，为运动员提供参与高水平世界级联赛的机会，积累赛事经验，突破国内高水平对抗性赛事缺乏的瓶颈。将地方省队作为人才输送的有力支撑，增加国内冰球运动人才供给；由俱乐部吸引专业跨领域复合型人才，为冰球运动发展提供技战术指导、设计科学的训练方案；由协会进行宏观把控，制定战略决策和发展方向，努力协调各种力量，避免潜在的优秀人才流失。

合作共建模式下的中国冰球运动体制设计突破局限、把握机遇，内生式变革为长远发展注入新鲜血液和活力。

4. 激发产业发展潜力，盘活冰雪运动的社会和市场资源

2016 年 7 月，国家体育总局发布了《体育产业发展"十三五"

规划》（以下简称"规划"）。面对当下中国体育产业发展现状，抓住机遇、补齐冰雪产业发展短板被提至重要位置，规划从优化市场环境、培育多元主体、提升产业能级、扩大社会供给、引导体育消费五个方面提出了体育产业发展的任务和指导方向。[①] 2019 年 3 月，中共中央办公厅、国务院办公厅印发了《关于以 2022 年北京冬奥会为契机大力发展冰雪运动的意见》（以下简称"意见"），从国家政策层面加大力度支持冰雪运动在国内的蓬勃发展。意见从积极培育市场主体、优化冰雪产业结构、拓展冰雪竞赛表演市场三个方面提出了对冰雪产业发展的具体展望。[②]

冰球运动在欧洲和北美地区已形成高度职业化和市场化的运作体系。虽然目前冰球运动在中国的市场化程度较低、产业链仍在发展，但冰雪运动在中国实现突破发展是大势所趋，在这一机遇下，中国冰球市场化体系的构建也拥有良好前景。

首钢于 2017 年冠名北京男子冰球队，展现出社会资本力量对中国冰球发展广阔前景的信心和对其巨大市场、巨大需求的敏锐洞察力。在"3 亿人参与冰雪运动"目标下，对冰雪运动的社会需求将大量增加；中国若想在冬奥会的冬季运动项目中取得突破性成绩，需要弥补目前国内巨大的高水平职业联赛缺口。这些问题和挑战都将呼唤政策的进一步放宽，都将对冰球运动的市场化运作和人才流动提供巨大的契机。

① 《体育总局关于印发〈体育产业发展"十三五"规划〉的通知》，国家体育总局网站，2016
  年 7 月 13 日，http：//www. sport. gov. cn/n319/n4833/c733613/content. html。
② 《中共中央办公厅、国务院办公厅印发〈关于以 2022 年北京冬奥会为契机大力发展冰雪运
  动的意见〉》，中国政府网，2019 年 3 月 31 日，http：//www. gov. cn/zhengce/2019 – 03/31/
  content_ 5378541. htm。

（二）紧扣冬奥备战要求，为构建可持续发展体系奠基

在《冰雪运动发展规划（2016—2025年）》（以下简称"规划"）中，冰雪运动的参与人群分为"直接参加冰雪运动的人群"和"间接参加冰雪运动的人群"。其中，前者"主要是指以运动竞技、健身休闲等为目的，进行冰雪运动的人群"[①]，这一分类标准未对参加冰雪运动设限，在很大程度上扩大了"直接参加冰雪运动的人群"的范围。"间接参加冰雪运动的人群"更为广泛，"主要是指冰雪运动影响到的相关人群，包括冰雪赛事及相关活动的观众"[②]，即在产业融合的宏观视域下，与冰雪运动相融合的产业体系下的活动体验者、参与者、构建者、组织者和从业者均属于该群体。

规划对冰雪运动参加主体做出的定性分类为冰雪运动广泛影响、渗透进国民生活奠定了基础。从广泛的冰雪运动参加主体入手，冰雪运动参与者覆盖的广泛行业范围、较多的学科领域，在决策层面和实践层面都能极大地调动社会力量和资源。冬奥会对国民生活的正向效益和社会影响力，对中国冰雪运动的推广普及、优化提高，对中国国民身体素质的影响，对"健康中国"构建的推动，对世界奥林匹克事业、奥林匹克运动可持续发展的促进作用，不应随着赛事落幕而消逝，而是应当得到长期、更大程度的发挥。因

[①] 《关于印发〈冰雪运动发展规划（2016—2025年）〉的通知》，中国政府网，2016年11月25日，http：//www.gov.cn/xinwen/2016-11/25/content_5137611.htm。

[②] 《关于印发〈冰雪运动发展规划（2016—2025年）〉的通知》，中国政府网，2016年11月25日，http：//www.gov.cn/xinwen/2016-11/25/content_5137611.htm。

此，对冬奥遗产的构建和保护也成为长期规划的重点。根据《国际奥委会可持续发展战略》《遗产战略方针》，"奥运遗产"是通过举办奥运会给人民、城市或地区以及奥林匹克运动带来的所有有形和无形的长期效应。

1. 有形层面

有形层面包括器物及器物文化的延伸，即从硬件的器材设备、场馆建设到软件的技术应用、评估体系都逐步实现突破和普及。冰雪运动对场馆和科技水平要求较高。目前，中国关于冰球的标准制定尚不完善，场地建设基础较为薄弱，难以支撑冰球运动在全国范围内展开。冬奥会的举办将催生一系列因地制宜的场馆设计、平台搭建的新思路、新元素、新产品，从而为冰雪运动场馆的建设提供参考和一定的实物基础。

2. 无形层面

在人才保障体系创新和构建方面，从后备人才培养到竞技人才选拔都呈现出焕然一新的局面。1996 年，国家体委发布了规范性文件《运动员参加全国比赛代表资格注册管理办法》，对运动员的注册、流动、参赛都设置了严格的条件。例如，第五条规定："运动员参加全国单项正式比赛，必须代表一个经国家体委有关业务部门或全国单项运动协会批准认可的参加单位。"这一管理办法在一定历史时期实现了对人才资源的有效配置。但是，旧规定已难以适应快速变化的新形势，特别是冰球运动人才体系化培养在中国起步晚，冰球的文化价值与内涵在中国大部分地区的普及有限，运动员的选拔和培养难以一蹴而就。同时，在备战冬奥会的背景下，转变传统的运动人才选拔方式，对"打破身份壁垒，集聚社会力量"

新思路的需求应运而生。

2018 年 11 月，国家体育总局冬季运动管理中心发布了《全国冰雪赛事参赛资格办法》，调整了冰雪赛事参赛资格，放宽了运动员注册和流动限制，具体包括：

一、打破注册壁垒，注册不再作为参加全国冰雪赛事的依据，即注册运动员和非注册运动员都可以报名参赛。

二、扩大参赛范围，除冰雪项目传统参赛单位和运动员外，个人、社会团体、企事业单位等符合参赛基本条件的都可以报名参赛。

三、改革参赛国籍和身份限制，鼓励符合参赛基本条件的华人、华侨、外国国籍的运动员报名参赛。

四、各项目参赛基本条件由全国各冰雪项目协会根据各自项目不同特点和要求统一制定并对社会公布。[1]

冰球运动后备力量的培养和选拔应推行新的机制。2017 年 4 月至 5 月，中国冰球协会首次采用了"国家队选拔营"的选拔方式，通过专家、教练对运动员的表现进行综合评定，选拔出优秀的运动员。中国冰球协会不仅放宽了人才准入标准，而且 2017 年 6 月"国家队选拔营"走出国门，落地加拿大，招募了大量优秀的华人、华裔冰球运动员。这也是国家队竞训体制大规模招收华人、

---

[1] 《体育总局冬运中心关于调整全国冰雪赛事参赛资格办法的函》，国家体育总局网站，2018 年 11 月 19 日，http://www.sport.gov.cn/n316/n336/c882581/content.html。

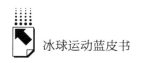

华裔优秀运动员的首例，是人才储备体制活化的一次重要尝试。

冰雪运动乃至冰球运动专项进行的尝试和突破作为无形遗产的价值体现于其在国内的可持续发展和全民推广，为竞技水平的稳步提高提供保障，以及对国家体育体制改革的助推作用。

（三）广泛开展国际交流，赛事参与和共建共享并举

1. 专项运动水平提高，"以赛代练"构想逐步实现

充分发挥多元化管理、多层面支持的体制优势，从供给侧实现资源获取渠道的多元化、提高资源供给水平，把握重大国际赛事机遇，为中国冰球队创造参加国际赛事的机会和稳定资源。2017年，中国男子冰球队首次以"国家俱乐部"形式走出国门，参加俄罗斯冰球超级联赛。同年，中国女子冰球队也走出国门，参加加拿大女子冰球联赛。密集参与此类高水平对抗性赛事，实践"以赛代练"模式，运动员可以积累实战经验、打磨技战术。

2. 体育综合管理水平提高：从参与走向承办

2019年4月，国际冰球联合会女子冰球世界锦标赛在北京举办。2019年5月，天津获得了2020年男子U18冰球世界锦标赛的举办权。举办冰球赛事可以发挥东道主的政策优势，为中国国家冰球队争取参赛机会，以积累大赛经验。同时，备战2022年北京冬奥会，及时发现赛事举办中易出现的问题，积累经验，从而提高赛事组织与管理水平。

3. 以本土化实践为立足点，与世界分享中国方案

中国大力支持与积极推进冰球运动在国内的落地生根和蓬勃发

展，但是当前冰球运动在国内面临发展的社会土壤尚浅、历史较短、文化因素尚未充分渗透等问题。冰球运动在国内的蓬勃发展离不开传统冰球大国的支持，中国冰球运动的广阔市场和巨大潜力也将使每个国际参与者获益。

中国国际文化传播中心和俄罗斯冰球协会在 2017 年签署合作协议，联合推出丝路冰球超级联赛，以"冰"会友，在实现体育领域"一带一路"共建国家文化交流的同时，也为中国冰球队搭建了积累高水平对抗经验、增进技战术交流的平台。

2017 年 5 月，中国冰球协会在国际冰球联合会年会上介绍了"2022 中国冰球行动计划"，介绍了中国冰球运动的发展现状、青少年培训体制的规划筹建、人才培养选拔体制的创新等，受到与会代表的高度关注。会后，北欧、北美、西亚等地区传统冰球强国的与会代表都对中国方案表现出极大兴趣和合作意愿。[1]

三　中国冰球市场的发展趋势

（一）冰球市场的发展以北京冬奥会为节点由快转稳

1. 2022 年北京冬奥会前冰球市场快速发展

北京成功申办 2022 年冬奥会及相关政策的出台，为中国冰球市场的向好向快发展提供了前所未有的契机，成为中国冰球运动发

---

① 《"2022 中国冰球行动计划"登上国际冰联大会，受高度关注》，搜狐网，2017 年 5 月 22 日，https://www.sohu.com/a/142627810_729430。

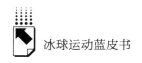

展的强大引擎和助推器。行业标准相继出台、基础设施日益完善、技术支持越发精准、潜在客群逐步转换都引领着冰球产业在初期阶段的快速发展，为其在未来的高效稳定发展奠定了良好的社会经济基础。

2. 2022年北京冬奥会举办时达到关注度顶峰

冰雪运动的热潮、冰球市场的发展将在 2022 年北京冬奥会拉开帷幕之时步入全新的发展阶段，关注度与参与度将达到历史高峰，激发和释放社会活力。2008 年北京奥运会举办期间，"北京2008 武术比赛"的举办引起了人们对中国传统体育的关注热潮。奥运盛典已成为体育文化宣传的宏观载体，其所带动的产业发展、体育运动的普及都已远远超越其本身的价值和意义。

3. 2022年北京冬奥会热度褪去，转向高水平稳定发展

冬奥会的闭幕并不意味着其影响力的消失，根据 2019 年发布的《北京 2022 年冬奥会和冬残奥会遗产战略计划》，北京冬奥会将创造体育、经济、社会、文化、环境、城市发展和区域发展方面的有形、无形遗产。这一计划符合《奥林匹克 2020 议程》的基本精神，力图为世界、国家、群众带来长期、积极的影响。因此，冬奥会对冰球运动、冰球市场的影响在经历冬奥会前期的加速、举办时的热潮后，在赛后也会持续保温，在一个崭新的高度推动冰球市场的发展稳步向前。

（二）泛体育模式下的冰球文化认同推动冰球市场潜力的挖掘

体育运动的广泛开展和体育市场的健全离不开文化认同的推动作用，而文化认同源于受众的主观情感判断。在中国，作为舶来品

的冰球文化不像本土历史文化那样具有先天的感知认同基础，这是客观条件所决定的，但是二者有相似的认知经历与情感共鸣。从古至今，中国人便对冰雪纯洁无瑕的形态和冰雪中傲然屹立的精神极尽赞美之词。在此基础上，充分借助新兴的网络与新媒体技术，基于"互联网＋"、自媒体等多种形式的传播载体，打破主观情感的壁垒，向人们普及冰球运动知识，改变受众对冰球运动的固有认知，进而带动受众对冰球运动的文化需求，最终改变潜在受众的行为，使其从冰球市场的潜在受众转变为主动采取行动的目标群体，完成客群转化。

与此同时，客观条件限制不是亘古不变的，如今的冰球运动已经不是单一的概念与行为，基于泛在体育治理模式构建中国冰球运动泛文化，有利于丰富冰球市场的发展内容，挖掘其市场潜力。中国冰球市场的创新突破，应着眼于将孤立的竞技行为向冰球文化行为延伸，只有对冰球等西方已经发展成形的运动文化进行泛文化解读并融入具有中国特色的文化元素，才能够真正促进中国冰球运动的产业化和市场化发展。①

（三）科技创新推动供给侧改革，领航中国冰球市场未来发展

1. 冰球硬件设施优化

基于中国目前的冰球基础设施建设现状，在不断扩大符合实际需求的冰球场规模的同时，也应引入多元智能的科学元素，对现有

---

① 徐宇华、林显鹏：《冬季奥运会可持续发展管理研究：国际经验及对我国筹备2022年冬奥会的启示》，《北京体育大学学报》2016年第1期，第13~19页。

的场馆和未来待建的场馆进行优化升级，提高场馆的承载能力和运行能力，拓宽冰球市场的服务领域。例如，在重庆，2018年投入使用的巴南国际体育文化中心采用了"冰篮转场"技术，在5小时内就可以完成室内球场和室内冰场的切换，达到承办高水平国际冰球赛事的标准，有助于冰球赛事和冰球运动在西南地区的普及与推广，从而极大地助力冰球市场发展。与此同时，在冰球装备上应用高新技术和数字手段，不断提高冰球运动的智能化水平，可以丰富冰球市场的内在价值。例如，3D冰鞋扫描仪能够通过3D扫描技术在几秒钟内扫描出运动员脚步的3D效果，匹配出适合球员的冰鞋；利用传感器捕捉运动员的运动轨迹，分析运动员的技术动作。

2. 冰球装备制造业转型升级

冰球装备制造业内部淘汰落后产能、提高创新能力以实现转型升级将对推动冰球市场的繁荣发展发挥重要作用，科技投入和技术研发将推动产能的优化。目前中国冰球装备制造业在低端徘徊，存在起步晚、产能落后、缺乏核心技术与自主品牌等短板。中国冰球装备制造商应找准技术创新的突破口，加强高水平的冰球装备生产技术研发，积极学习国外尖端技术；创新合作模式，探索与高校的合作模式，开展装备研发制造的合作项目，为自主研发和提高产品附加值提供技术、资金支持。在近些年的实践中，国内黑龙品牌已经意识到自身发展的不足，并进入转型发展关键时期。例如，"黑龙冰刀"负责人表示，未来3年，将着眼于技术改造，增加创新方面的投入，以提高产值。

（四）冰球竞技水平提高与群众广泛参与共同激发冰球市场整体活力

1. 专业竞技水平激发冰球市场发展动力

竞技体育是体育产业的核心。竞技体育对学校体育、群众体育、体育产业都发挥着示范带动作用，竞技技术、竞技手段、竞技器材将向其他体育类型扩散延伸。2018 年平昌冬奥会上，刘佳宇获得单板滑雪女子 U 形池亚军，实现了中国在该项目上冬奥会奖牌零的突破；武大靖夺得短道速滑男子 500 米决赛金牌并打破该项目的世界纪录，引发了大众对冬奥会和冰雪运动关注的热潮。由此可见，大型赛事的举办和竞赛成绩的突破将吸引民众对冬奥会乃至冬季运动项目的极大关注。因此，作为冰雪竞技运动重点建设项目的竞技冰球对中国冰球运动的发展以及中国冰球市场的进一步拓展起着至关重要的引领作用。

发挥竞技冰球对冰球市场发展的带动作用，应着重建设冰球人才体系，其中高水平竞技人才培养以及高水平教练员团队构建为相互关联的着力点。基于此，2018 年 4 月国家级青少年冰球拔尖人才梯队成立，以弥补人才培养的"断层"。同时，通过"请进来、派出去"的人才战略引进国外高水平竞技冰球教练员，同时选拔和培养一批本土的优秀教练员并派遣至冰球运动强国观摩比赛，学习借鉴国外的先进训练方法，根据中国国情和竞技冰球发展的具体情况进行相应调整，再落地实施，从而进一步完善中国冰球教练员体系，提高教练员的执教能力。竞技冰球人才体系的整体完备和水平的不断提高将有助于打破中国竞技冰球的成绩瓶颈，成为助推中

国冰球市场发展的原动力。

2. 群众的参与盘活冰球市场潜在客群

群众体育作为参与人群数量最多、结构最为复杂的体育类型是体育产业的消费主市场。因此，吸引更多群众参与冰球运动，不仅能够为竞技冰球的发展储备人才，提高冰球运动的影响力，而且是中国冰球市场、冰球产业发展的一大抓手。为鼓励群众参与冰雪运动，一系列政策相继出台，极大地调动了社会各方发展冰雪产业、参与冰球市场的积极性。《全国冰雪场地设施建设规划（2016—2022年）》提出，到2022年，全国新建滑冰场馆数量不少于500座①，从场馆设施的供给端入手激发社会主体的广泛参与。与此同时，体育类真人秀节目创新性地开启了文艺联通体育的大门。例如，2019年1月，浙江卫视和国家体育总局冬季运动管理中心联合推出了《大冰小将》这一全新的体育类真人秀节目，将冰球运动融入真人秀节目，以大众便于接受和喜爱的全新方式解读冰球运动。该节目选用来自全国各地的少儿冰球运动员，其中不乏南方地区的冰球小将，通过记录他们共同训练、比赛、生活的点滴向观众传递冰球文化和体育精神。该节目不管是在热爱娱乐文化的青少年中，还是在对体育、综艺节目关注不多的成年人中甚至是老年人中，都取得了较大的反响和良好的口碑，无疑是激活冰球运动受众的成功之举，并且能够极好地发挥冰球运动的长尾效应，增加观众对冰球运动的认知，盘活国内冰球市场。

---

① 《关于印发〈全国冰雪场地设施建设规划（2016—2022年）〉的通知》，中国政府网，2016年11月25日，http：//www.gov.cn/xinwen/2016－11/25/content_5137605.htm。

（五）社会资源多位一体，打造冰球市场大生态圈

1. 媒介助推冰雪生态圈建设

在大数据时代，数字技术与体育的融合发展丰富了体育的外在表现形式，不再局限于单一的竞赛备战形式。同样，冰球市场的发展不再囿于传统定义，包罗万象的大生态圈将成为其发展繁荣的基本形态。从媒体角度来看，"互联网＋"极大地扩展了冰球的传播内容和受众范围，无论是竞技冰球系统中的教练员、运动员，还是数量多、结构复杂的泛冰球受众，以及冰球市场的核心从业人员，都能够在同一个生态圈内实现冰球信息资源的交流共享。可以利用直播、短视频等新形式吸引社会对冰球运动的关注，在微信、微博等自媒体平台上发布有关冰球运动、冰球市场的信息。例如，2015年创办的"冰球客"公众号是中国首家冰球从业者和爱好者进行交互的平台，该平台推广专业的冰球信息，分享关于冰球运动的国际国内资讯，涉及领域广，内容兼具知识性和趣味性。

2. 丰富冰球生态圈内容

融合创新成为各行各业突破传统发展模式的发力点。冰球产业与其他相关行业、元素、内容的跨界融合将极大地丰富其内容。例如，在北美地区，冰球文化与电影、摇滚乐等文化相结合，有效拓展了冰球运动的受众范围。"冰球＋展会""冰球＋旅游""冰球＋文创""冰球＋科技"都可以成为跨界融合的新思路。例如，2016年创办的国际冬季运动（北京）博览会规模逐渐扩大，成为普及冰雪知识、促进冰雪运动的平台，吸引了大众的参与和关注。2019年的国际冬季运动（北京）博览会吸引了600余家海内外品牌、240余位相关

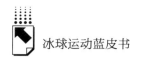

专家和学者参会参展，吸引观众达到 16 万人次，达成合作百余项，有力推动了中国与国际冰雪产业优质资源的对接和各国的交流融合。①冰球产业以及冰球市场的发展也应融入更多元素，通过完善配套服务，在兼顾冰球市场基础要素和专业性的同时，注重挖掘其娱乐性、休闲性，注重其体验的独特性和多样性，加深大众对冰球的理解和认同，从而更好地打破冰球产业独立单一、吸引力有限的瓶颈。

3. 冰球市场产业链日臻完善

随着北京冬季奥运会日益临近，处于冰球产业下游的消费需求将持续增加。但冰球市场与冰球产业的真正形成还需要全产业链的带动。冰球市场的未来发展不应仅仅依赖于政府的带动，冰球市场以社会资源为抓手构建产业链才能真正走上发展的快车道。通过积极描摹冰球市场的商业前景，打造开放有利的融资环境，不断拓展、完善市场资金链，尽可能多地吸引社会资本流入冰球产业，为市场的可持续发展筹措资金，使竞技冰球与冰球基础设施建设都能获得强有力的资金、资源支持。通过整合社会资源，鼓励制造业、保险业、体育中介、科研等领域的相关社会机构积极参与，为冰球市场的发展提供智力支持、技术支持、产品供给，加快供给侧结构性改革，在供给端、服务端，冰球市场的上游、中游、下游共同发力，提高冰球产业的服务质量，形成完整的产业链，构建冰球产业生态圈的内在基础和强大优势。②

---

① 《2019 国际冬季运动（北京）博览会十月在京召开》，新华网，2019 年 6 月 12 日，http://www.xinhuanet.com/sports/2019 - 06/12/c_ 1124614296.htm。
② 梁益军、邹红、李舒雅：《大众传播模式视角下我国冰雪运动文化传播策略》，《体育与科学》2018 年第 6 期，第 49～54 页。

结　语

2022 年北京冬奥会给冰球产业带来了巨大的发展机遇，但也带来了极大的挑战，如基础设施建设不足、人才缺乏、受众低等。中国冰球运动应积极利用冬奥会的阶段性利好、增强文化认同、吸引潜在受众、提高竞技水平、加大科技投入，同时制定科学的发展战略以及有效落实。如此，实现冰球市场的突破与繁荣便不再只是纸上谈兵，而是行之将至。

专题篇

Special Report

B.2
中国冰球赛事现状、问题及对策研究

宋赫民*

摘　要： 自2022年北京冬奥会成功申办以来，中国冰球运动迈入发展新阶段。冰球赛事作为冰球发展的重要平台，有利于提高中国的冰球实力，同时激发民众的参与热情，推动冰球文化的传播。本文从市场和行政两个维度介绍了当前中国主要冰球赛事，分析了中国赛事运行存在的问题。目前，中国冰球运动存在人才短缺、公众影响力不足以及商业模式不成熟等问题。打造精品赛事、扩大

---

* 宋赫民，经济学博士，北京体育大学体育商学院讲师，研究方向为体育赛事管理。

媒体推广范围以及将大众特色文化融入冰球比赛等措施是提高中国冰球赛事影响力的有力途径。

关键词： 冰球运动　冰球赛事　冬奥会

冰球赛事是推动冰球运动发展的关键节点。积极举办冰球赛事有利于提高中国冰球实力，推动冰球文化的全民推广。为响应国家体育总局"高水平赛事引领计划"的号召，进一步提高中国冰球项目竞技水平，中国冰球管理部门及相关冰球俱乐部积极举办冰球赛事，为实现"带动3亿人参与冰雪运动"的目标贡献力量。冰球赛事在蓬勃发展的同时，一些问题逐步显现，制约着中国冰球运动的发展。因此，深入分析当前中国冰球赛事存在的问题并提出相应对策，对于中国冰球运动的发展具有重要意义。

一　中国冰球赛事现状

冰球运动员需要参加大量比赛维持竞技状态，但目前中国仍缺少职业冰球联赛。为此，中国冰球协会等组织机构不断努力，开启中国冰球赛事发展新篇章。自2018年6月起，中国冰球协会借鉴国际先进经验，采取了一系列举措，先后组建了多支国家队，搭建各级别赛事平台（见表1），推进赛事规则制定、裁判员队伍培养、青少年人才培育及跨界跨项选才等工作。

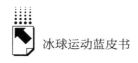

表1 2018～2019赛季国家冰球比赛项目一览

比赛名称	比赛时间
全国青少年U系列锦标赛(U16–U8)	2018年10月
全国男子职业冰球联赛	2018年12月
2018年全国青少年冰球邀请赛(分赛区)	2018年11～12月
2018年全国青少年冰球邀请赛(总决赛)	2018年12月至2019年1月
全国青年冰球锦标赛(17～20)	2019年4月
全国冰球锦标赛(成人男子)	2019年5月
全国冰球锦标赛(成人女子)	2019年5月
2019年全国大学生冰球(轮滑球)邀请赛	2019年5月

资料来源:《冬运中心关于公布冰雪项目2018～2019赛季竞赛计划》,国家体育总局网站,2018年9月26日,http://www.sport.gov.cn/n316/n336/c875789/content.html。

(一)市场维度

1. 成人冰球赛事

(1)职业赛事

①"复兴杯"中国冰球联赛。2019年8月2日,中国冰球联赛2019～2020赛季在北京奥众冰上运动中心拉开帷幕,中国首个职业冰球联赛正式诞生。本次联赛第一站为北京,共有来自3个国家的5支球队参加比赛,分别是奥瑞金职业冰球俱乐部、吉林城投冰球俱乐部、昆仑鸿星万科龙队、美国亚利桑那州立大学校队和俄罗斯叶尔马克队。① 5支球队在奥众冰上运动中心展开单循环较量。8月7日,中国冰球联赛2019～2020赛季北京站比赛顺利落下帷幕,

---

① 《首届中国冰球联赛正式启动》,人民网,2019年8月2日,http://sports.people.com.cn/n1/2019/0802/c407727–31273816.html。

美国亚利桑那州立大学校队以 6 比 1 战胜昆仑鸿星万科龙队夺冠。

②丝路冰球超级联赛。2018 年 7 月初，俄罗斯冰球超级联赛（VHL）正式宣布，自 2018～2019 赛季开始，联合中国国际文化传播中心共同发起丝路冰球超级联赛（Silk Road Supreme Hockey League，SHL）。这也是促进"一带一路"共建国家体育文化交流的一项重要举措。在俄罗斯冰球超级联赛基础上合作组建的全新国际冰球联赛是中国冰球"借船出海"的重要成果。

③"丝路杯"国际女子冰球联赛。2019 年"丝路杯"国际女子冰球联赛由中国冰球协会、中国国际文化传播中心主办，北京体育大学、深圳昆仑鸿星冰球俱乐部承办，北京市冰球运动协会协办。联赛第一站为期 6 天，有 6 支球队参赛。其中，3 支国内队伍为中国冰球运动学院队、深圳昆仑鸿星万科阳光队和北京世纪星兰迪队，3 支国外球队为俄罗斯乌法队、芬兰艾斯堡冰球队和捷克克拉德诺队。8 月 28 日，2019 年"丝路杯"国际女子冰球联赛第一站在北京体育大学冰上运动中心圆满落幕，深圳昆仑鸿星万科阳光队摘得桂冠。"丝路杯"国际女子冰球联赛的诞生反映出中国女子冰球运动的自我造血能力进一步提高。随着国际高水平球队的加入，联赛竞技强度和观赏性得到极大提升，国内球员能够更好地通过以赛代练备战冬奥会。①

（2）业余赛事

①中国城市冰球联赛。2017 年 9 月 23～24 日，首届中国城市冰球联赛（CCHL）季前赛（北京站）在华星冰上运动中心阜石路馆

---

① 《2019 "丝路杯"圆满落幕 昆仑鸿星万科阳光队夺冠》，人民网，2019 年 8 月 29 日，http：//sports. people. cn/n1/2019/0829/c407727 – 31324608. html。

举办，来自北京、天津、沈阳、杭州、广州 5 个城市的 6 支冰球队展开交流切磋。北京兄弟会队和辽宁沈阳雷奥队是本次北京站比赛实力最强的两支队伍，两队先后在小组赛和总决赛交锋，为现场冰球爱好者带来高水平的冰球比赛盛宴。常规赛阶段，北京赛区参赛队伍为北京刀锋队、北京老狼队以及 GoHockey 队，3 支队伍在为期 3 个月的赛程进行主客场双循环赛。2018 年 3 月 24 日，首届中国城市冰球联赛北京赛区总决赛、新秀赛、全明星赛圆满落幕，北京刀锋队最终夺得冠军。

②"战马杯"中国大学生冰球锦标赛。2019 年 11 月 10 日，"战马杯"2019 中国大学生冰球锦标赛在奥众冰上运动中心开幕。本次赛事共有 15 支球队参赛，其中专业组球队来自安徽新华学院和首钢工学院；阳光组球队来自北京大学、东北大学、电子科技大学、河北传媒大学、河北体育学院、哈尔滨体育学院、黑河学院、河南理工大学、清华大学、首都体育学院、天津外国语大学、烟台大学和中国人民大学。专业组和阳光组球队通过抽签方式分成 A 组、B 组、C 组、D 组。专业组球队与阳光组球队之间的比赛为友谊赛，不计入最终成绩。小组赛结束后，每个小组积分最高的两支球队晋级淘汰赛，专业组两支球队自动晋级，阳光组在淘汰赛阶段按照赛程安排决出冠军以及其他排位。经过激烈角逐，最终来自安徽新华学院的球队以全胜战绩获得专业组冠军，来自哈尔滨体育学院的球队获得阳光组冠军。

2. 青少年冰球赛事

（1）"CCM 杯"北京国际青少年冰球邀请赛

"CCM 杯"北京国际青少年冰球邀请赛是亚洲地区规模最大的

青少年冰球赛事，由华星辉煌体育管理有限公司于 2016 年发起，得到全球最大的冰球运动护具品牌 CCM 的赞助支持，首届赛事由北京文投华彩体育发展有限公司主办、华星鹤彩传媒有限公司承办。至 2018 年，"CCM 杯"北京国际青少年冰球邀请赛已连续举办三届。

（2）"新浪杯"亚洲青少年冰球联赛

"新浪杯"亚洲青少年冰球联赛是一项由新浪体育、亚洲冰雪运动发展有限公司及北京零度阳光体育文化有限公司发起，亚洲各地冰球俱乐部参与的长达 6 个月的主客场制青少年冰球赛事。2017 年 3 月至 6 月为分站赛，采用区域分站赛（积分制）、分区锦标赛（淘汰制）形式，决出中国内地各分区优胜队伍。2017 年 7 月至 8 月，各分区冠军与海外精英队伍在北京争夺总冠军。2017 年 8 月 13 日至 22 日，"新浪杯"亚洲青少年冰球联赛总决赛在北京朝阳大悦城冠军溜冰场举行，中国内地六大赛区的冠军球队与来自中国香港、泰国、新加坡、马来西亚、印度尼西亚、捷克等国家和地区的青少年冰球队共同争夺本届赛事的桂冠。本项赛事为推动冰球项目发展、促进青少年冰球交流提供了广阔平台。

（二）行政维度

1. 成人冰球赛事

（1）全国冰球锦标赛

全国冰球锦标赛由中国冰球协会主办、北京市体育局承办。比赛设立女子组、男子 A 组、男子 B 组 3 个组别。2018 年全国冰球锦标赛于 5 月 7 日至 20 日在北京举行，28 支代表队参赛。

这是冬奥会进入"北京周期"后首次在北京举行的全国性冰雪赛事。经过激烈角逐，在女子组比赛中，哈尔滨队以2比1战胜北京队夺冠，浙江队获得第3名；在男子A组比赛中，齐齐哈尔队以全胜战绩卫冕，亚军由哈尔滨队获得，北京队获得第3名。2019年全国冰球锦标赛于6月1日在北京拉开帷幕，35支队伍参与竞争。最终哈尔滨队获得男子A组、女子组两项冠军，深圳队获得男子B组冠军，并获得参加第14届全国冬季运动会冰球决赛资格。

（2）全国运动会轮滑冰球

轮滑冰球是2017年第13届全国运动会的新增项目，主要目的是选拔人才备战2022年北京冬奥会，赛事吸引了来自全国的11支队伍参赛。2017年7月10日，天津全运会轮滑冰球比赛在天津体育馆拉开帷幕。经过3周角逐，在2017年7月31日的决赛中，黑龙江队以5：2战胜北京队夺得冠军。

2. 青少年冰球赛事

（1）"贺岁杯"全国青少年冰球邀请赛

首届"贺岁杯"全国青少年冰球邀请赛于2017年年末开赛，由中国冰球协会主办。与以往社会力量举办的青少年冰球赛事相比，本届冰球邀请赛呈现四大特点。一是规格高。此次赛事是中国冰协主办的首届全国性青少年冰球赛事，也是新一届冰球协会改组以来第一次举办的重大的全国性赛事。二是规模大。此次"贺岁杯"共吸引来自15座城市的近1600名青少年队员参赛。三是裁判优秀。赛事拥有41名国家二级裁判员、13名国家一级裁判员、19名国际级裁判员，保证比赛公平公正。四是机制创新。中国冰球协会首次引入社会力量参与赛事筹备工作。

（2）全国青少年（中小学生）U系列冰球锦标赛

U系列锦标赛是国家体育总局在新时期重点推出的赛事。为进一步改革和加强青少年冰球工作，大力培养青少年冰球后备人才，根据国家体育总局《关于加强竞技体育后备人才培养工作的指导意见》及《关于改革和加强全国青少年U系列竞赛工作的意见》的文件要求，结合当前中国青少年冰球运动的发展现状，2018年中国冰球协会正式推出全国青少年（中小学生）U系列冰球锦标赛。9月21日，中国冰球协会在北京召开新闻发布会，宣布2018年全国青少年（中小学生）U系列冰球锦标赛于国庆期间在北京、青岛、哈尔滨、齐齐哈尔4个城市举行，比赛组别为U8、U10、U12、U14、U16。其中U8作为全国性青少年冰球正式比赛，首次采用小场地3对3赛制，U10至U16组别则分别适当缩短每节比赛时间。[1] 这项赛事的含金量进一步提高，为冰球青少年后备人才培养提供有力支撑。

（3）北京市青少年冰球俱乐部联赛

北京市青少年冰球俱乐部联赛于2008年创办，由北京市体育局主办。随着冰球运动发展，该赛事从最初只有4支队伍约60人参加，发展到2018年成为亚洲地区规模最大、时间跨度最长的青少年冰球赛事。10多年来，北京冰球运动也有了跨越式发展，参与人数大幅增加，球队战绩在全国名列前茅。

---

[1] 《全国青少年U系列冰球赛十一举行，小场地3对3赛制亮相》，搜狐网，2019年9月21日，https：//www.sohu.com/a/255326306_729430？_f = v2 – index – feeds。

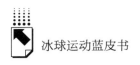
二　中国冰球赛事运行存在的问题

（一）群众基础薄弱

当前，中国冰球运动缺乏人才，专业队伍数量较少。在欧美冰球强国，从孩子很小就培养其对冰球的兴趣。比如，在加拿大，冰球运动普及率较高，孩子从 2 岁或 3 岁就开始在冰场练习；每个年龄阶段都有同级别的比赛，直到走上职业道路或者进入高等学府深造，保证各个阶段都有人才储备。目前，中国既缺少培养全年龄段冰球人才的机制，也没有制定冰球人才职业发展长期规划，造成现阶段人才极度缺乏，后备人才也严重不足。很多冰球队收益低，再加上各级政府投入长期不足，冰场等基本设施老化，冰球队训练环境恶劣，面临解散的困境，群众缺少培养兴趣和发展冰球运动的平台。此外，体教分离的教育体制使体育特长生的培养与社会热门专业分离，造成练习冰球的人才越来越少。

从赛事本身来看，虽然近几年举办的全国冰球锦标赛等各级冰球联赛的规模逐年扩大，但运动员水平仍偏低。冰球基础设施缺乏，群众参与度低，社会影响力更加有限，在很大程度上制约了冰球文化在群众中的传播。

（二）商业模式不成熟

一直以来，中国冰球运动市场化程度较低，产业化更是无从谈起。2015 年以后，政府鼓励社会资本参与体育行业发展，通过举办赛事提高群众认知度，但收效甚微。尽管目前国内涌现了一批专业队伍和俱乐部，但仍然没有摸索出适合中国冰球发展的成熟经营模式，对政府的依赖性太强。俱乐部不主动寻找市场、不改变内部管理，基本上维持亏本运营。此外，球员薪酬较低、激励机制不完善等问题较为突出。因此，应充分借鉴大陆冰球联赛、美国职业篮球联赛的商业模式与先进经验，依托赞助商发挥商业资本的力量，并利用多媒体进行宣传推广，营造良好的舆论氛围，吸引更多球迷和观众参与互动。同时，与政府、行业协会建立良好的合作关系，共同推动冰球产业的快速发展。

三 提高冰球赛事影响力的路径

（一）打造赛事品牌，提高赛事知名度

创立赛事品牌对于一个赛事的生存与发展至关重要。发展赛事项目或产品，首先必须拥有自己独立、有文化底蕴和内涵的品牌，并为大众广泛接受。在宣传推广冰球项目时，要充分考虑大众接触媒体的方式，根据观众偏好设计冰球赛事主题，提高冰球赛事的认知度和观众的观赛感。值得注意的是，品牌标识、吉祥物等宣传内容会随着赞助商的更换而变化，宣传效果难以延续，不利于冰球赛事品牌的建立。

1. 打造精品赛事

竞技体育项目注重团队协助和人文精神，具有广泛的市场和商业价值。精品赛事能够吸引更多的观众，其文化内涵也能获得更广

泛的认可。冰球项目具有高强度的力量对抗，参赛者都是朝气蓬勃的年轻运动员，充满青春和激情的比赛更能激发大众的参与热情。在此基础上，维持较高的竞技水平，将冰球品牌赛事打造成认知度高、人文内涵丰富的精品赛事，既可以有力地推动冰球运动的发展，也有利于弘扬冰球文化。

2. 积极承担社会责任

承担更多的社会责任有利于树立良好的品牌形象。冰球赛事主办方应展示俱乐部和运动员的良好形象，传播正确的价值观和积极向上的生活态度。例如，可以发起公益活动、建立扶贫公益基金、开展公益性购买活动、筹集资金购买装备等，帮助贫困儿童实现冰球梦想。

（二）加强媒体宣传，提高赛事曝光率

体育赛事的影响力与媒体推广平台息息相关，媒体平台越宽，体育赛事推广效果越好。通过全媒体平台推广冰球赛事不仅能吸引观众目光，而且能激发其参与赛事的热情，从而提高冰球赛事的影响力。

1. 依托新媒体大力宣传冰球赛事

丰富的信息量、低成本、更新速度快是新媒体的特点，应积极利用新媒体推广冰球赛事。一是充分利用网络视频平台直播赛事，既要直播高规格冰球赛事，也要增加业余冰球赛事直播。加强与成熟媒体如腾讯视频、新浪视频的合作，这些大型媒体受众广泛且影响力较大。此外，结合冰球赛事特点，制作观众喜闻乐见的节目以在比赛间隙播放，开发与赛事有关的新闻报道资源，扩大受众群

体。二是利用互联网广告和搜索引擎推广赛事。在冰球赛事举办前，将与冰球赛事相关的关键词投放在百度等专业搜索引擎上，增加点击率，扩大宣传范围；与搜索引擎建立合作关系，及时更新网站上与冰球赛事有关的新闻，定期在各媒体公布冰球赛事的最新动态。

2. 深入挖掘传统媒体的传播价值

传统媒体依然具有举足轻重的地位，对冰球赛事的推广意义重大。首先，加大电视媒体的播放力度。电视媒体具有自身的优势，如卫星和有线电视转播的现场感、高清画面以及高覆盖性，吸引更多观众观看体育赛事，既可以提高收视率，也可以吸引更多赞助商，达到互利共赢。其次，扩大平面媒体宣传范围。平面媒体具有长久保存、便于交流等特点，是大众活动推广中不可或缺的传播方式。图文并茂的信息传播方式可以让观众更深刻地理解和喜爱这一活动，为冠名商和合作伙伴拓宽宣传渠道。例如，在体育类报纸上准确、及时地报道冰球赛事信息或在校刊上刊登赛事图片和文字报道。

3. 充分发挥自媒体平台的优势

自媒体具有方便快捷、用户覆盖面广等特点。微信、新闻客户端等网络自媒体持续报道体育赛事具有良好的推广效果。例如，邀请著名冰球运动员在微博上与大众互动，并就冰球相关主题展开话题讨论，适当给予互动奖励，以激发大众的参与热情。

4. 提高对舆情的掌控能力

在加强媒体传播的同时，应对现有事件的传播进行分析，及时发现不足之处。冰球赛事主办方须定时与各类媒体沟通，在赛事举

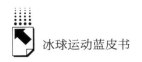

办前后，每天召开舆情通报会，及时掌握有利与不利的舆情动态，进行全方位分析，制定应对之策，把握媒体传播的主动权。

（三）强调文化特色，吸引民众参与运动

1. 大力开展冰球进校园活动

在积极举办专业冰球赛事的同时，将冰球运动纳入各级学校体育课程、普及冰球知识，以激发学生对冰球运动的热爱，提高冰球运动参与率。应组织开展各年龄段校级冰球赛事，保证学生长期接受比赛锻炼。这样既能有力推广冰球运动，也能有效传播冰球文化。

2. 充分发挥明星作用

大学生是冰球运动的主要参与者，为进一步推广冰球赛事，带动更多年轻人加入，可以定期安排冰球明星和优秀教练员到高校宣传推广冰球运动、普及冰球基本知识和专业技术，深入推进高校冰球运动发展。

3. 举办特色冰球文化节

各地在积极组建冰球专业队伍、加快场馆建设以及更新设备等的同时，应举办以冰球为主题的文化节，为热爱冰球的民众提供交流平台，提高民众参与率，也为后备人才培养奠定基础。

B.3
青少年冰球培训市场的现状与发展分析

张好雨*

摘　要： 中国冰球市场目前仍处于初步发展阶段，在培训、人才培养模式、基础设施、普及度、家庭因素、政策支持等方面仍面临很多问题。本文首先采用定性分析方法考察了中国青少年冰球运动的发展现状，包括青少年冰球运动的教练与训练情况、青少年冰球运动员的成长路径、青少年冰球运动的相关政府政策；其次，利用定量分析考察了影响一国冰球运动发展程度的影响因素，结果表明人口、冰球场地数目、经济发展水平和较低的平均气温都能够促进一国青少年冰球事业的发展。对于中国青少年冰球运动的发展，本文提出以下六个方面建议，即加大政策扶持力度、规范青少年培训市场、完善青少年冰球联赛制度、发动社会尤其是冰球俱乐部的力量、鼓励家庭支持和参与青少年冰球运动、兴建更多的室内冰球场。

关键词： 冰球运动　青少年体育　冰球培训

---

* 张好雨，管理学博士，北京体育大学体育商学院讲师，研究方向为组织行为与人力资源。

对于青少年冰球，既往研究做了不少有意义的工作，提出了中国青少年冰球存在的若干问题，包括培训理念与方法缺乏科学性，训练方法不合理，青少年训练成人化，教练员素质偏低等；[①] 冰球运动的硬件条件亟须改善，基础设施不完善，降低了冰球运动员、教练员的积极性；后备人才不足，运动员专业技能不扎实，缺乏训练技巧；[②] 宣传力度不足，冰球运动的社会公众认知度低；[③] 等等。

既往研究针对这些问题提出了若干建议，包括更新训练理念、创新训练方法、保证青少年冰球训练的和谐发展、制定科学的训练内容；政府应该给予一定的政策支持，联合社会各方力量，加大对冰球的硬件投入，完善冰球训练的基础设施、增加冰场数量；对运动员进行更为专业化的训练，提高其专业水平；引进高质量运动员，利用跨界、跨项、跨季选材模式，实现冰球的梯队发展，为国家队输送更多优秀的专业运动员；普及冰球知识，消除部分群众对冰球存在的偏见，营造冰球文化氛围；在学校进行冰球知识宣讲会，让家长、孩子对冰球运动有更加准确、清晰的了解。

在研究范围与研究方法上，既往研究多以青少年和现役运动员为对象，主要考察与研究哈尔滨、齐齐哈尔、佳木斯等较早发展冰球事业的地区；以加拿大和捷克斯洛伐克等冰球强国为例，分析中国冰球发展可以借鉴的经验。研究方法主要运用文献资料法、逻辑

① 吴国峰：《更新训练理念促进我国青少年冰球运动发展》，《冰雪运动》2016 年第 2 期，第 19～24 页；单连海、赵云龙：《青少年冰球训练中需要注意的几个问题》，《产业与科技论坛》2013 年第 1 期，第 213 页。
② 郎兵宇、张海泉：《对我国冰球运动发展现状及对策研究》，《当代体育科技》2014 年第 4 期，第 164～165 页。
③ 赵丽娟：《制约我国冰球运动普及推广因素的研究》，《运动》2017 年第 6 期，第 138～139 页。

分析法、实地考察法等。

可以发现，在研究问题的选择上，既往研究倾向于总结现状和提出政策建议，对青少年冰球发展的影响因素和影响途径的讨论还不够深入；研究对象主要集中于中国少数省份，跨国研究也集中于少数几个国家，缺乏代表性；研究方法较为单一，缺乏实证研究和量化分析。

鉴于此，本文将结合定性和定量分析方法，探究青少年冰球运动的发展现状。通过走访浩泰冰上运动中心、华星辉煌冰球俱乐部、世纪星滑冰俱乐部等大型俱乐部，重点围绕当前青少年冰球运动的政策支持、家庭支持、俱乐部发展现状、运动员培养路径等问题进行调研。基于实践调研成果，采用回归分析、中介变量分析等定量分析方法，利用世界各国青少年冰球运动数据，分析影响中国青少年冰球发展的主要因素，并为中国青少年冰球提出行之有效的发展建议。

一 中国青少年冰球运动发展现状

（一）青少年冰球俱乐部发展概况

近年来，中国青少年冰球俱乐部快速发展。中国冰球曾经受到过广泛关注，并且取得过较好的竞赛成绩，近年来一些曾经参与其中并且对冰球运动有情怀的人再次投入这项运动，其中不乏家长让自己孩子参与进来。除哈尔滨、齐齐哈尔、佳木斯等老牌发展冰球运动的城市之外，越来越多经济发达地区也加大了对城市冰球队伍

建设的投入。在这一背景下，中国青少年冰球俱乐部得到了前所未有的发展。但需要认识到，中国青少年冰球俱乐部仍处于初级发展阶段。中国冰球运动经历过一段时间的冷却，特别是在 2022 年北京冬奥会申办成功之前的很长一段时间，冰球在中国的受关注度不是很高，了解和参与冰球运动的人口基数较小。例如，根据国际冰球联合会的统计，2017 ~ 2018 赛季，中国有注册冰球运动员 2764人，其中 20 岁以下的青少年运动员 2273 人；日本有注册冰球运动员 18765 人，其中青少年运动员 9144 人；加拿大有注册运动员63.7 万人，其中青少年运动员 44 万人。[①] 中国与冰球强国加拿大、邻国日本都有较为明显的差距。中国冰球市场目前仍处于初步发展阶段，青少年冰球俱乐部作为冰球市场的一个重要部分，亦是如此。

当前中国青少年冰球俱乐部的商业模式与其他体育运动俱乐部类似，大体包含市场部和运营部等部门，市场部包括财务、售课、接待等板块，运营部负责培训课程设计、教练员的聘用和考核评估、学员的招收和维护等。青少年冰球俱乐部的主要收益来自销售课程，也有政府购买冰时等收入；一些位于商场或者商圈附近的冰场有一部分来自"散客"的收入，即体验式的消费者，其中一部分人也会成为长期消费者。此外，一些俱乐部会定期举办青少年冰球赛事，主要是为了激发青少年对冰球运动的兴趣，举办赛事也是其收入来源的一部分。从盈利情况看，目前国内大部分青少年冰球

---

① "Annual Report（July 2017 – June 2018），" International Ice Hockey Federation，https：//www. iihf. com/en/statichub/4823/annual – report.

俱乐部只是处于维持运营的状态，盈利情况不是很好。例如，北京市最大的某青少年冰球俱乐部旗下一个运营较好的冰场一年的盈利额也只有两千万左右，盈利情况不算乐观。需要强调的是，这个冰场的盈利很大一部分来自花样滑冰，冰球收入只占其年营业额的一部分。调研结果显示，很多冰场长期无法实现盈利，只能维持生存或只有微薄的收入，一些俱乐部需要母公司通过其他方式为冰场提供补贴。

中国冰球运动尚处于初步发展阶段，无论是冰球队伍的整体水平，还是职业冰球市场的发展，与冰球运动发展较好的国家都有一定距离。冰球运动有着自身独特的魅力和优势，既是冬奥会的一个重要项目，在很多国家也是一项主流运动项目，其广阔的发展前景是不言而喻的。冰球运动在中国曾经一度受到广泛关注，如今，无论是从中国经济社会发展阶段还是精神文明追求来看，冰球运动发展都拥有很大的优势，特别是借助 2022 年北京冬奥会的东风，国家层面和社会层面都对冬季项目有了更多的关注，冰球运动作为冬季项目中唯一的对抗性集体项目，有较高的观赏性和参与性，中国青少年冰球培训市场也有很好的发展前景。

（二）青少年冰球运动的教练与训练情况

缺少教练和教练素质参差不齐、训练和培训体系不完善成为制约中国青少年冰球发展的重要因素。

虽然目前中国冰球教练员多是专业冰球运动员出身，拥有较为丰富的比赛经验和扎实的冰球技术，但是缺乏训练经验。教练员普遍学历偏低、文化水平不高，造成冰球训练的碎片化、缺乏系统

性。高水平竞技运动中，扎实的技术水平和过硬的心理素质都是制胜的关键因素。技术和战术水平的比例大致为3∶7。中国冰球教练大多十分注重对运动员技术水平的训练，但对运动员心理素质训练的重视不够，甚至忽视了这方面的训练。调研显示，在北京地区，俱乐部负责人普遍表示高素质的教练员仍"一人难求"。

青少年的身心发展与成人具有较大的区别，身体素质难以支撑高对抗性的训练，需要调整训练内容，以调动青少年的兴趣和热情。但目前中国青少年冰球训练面临训练方式成人化，训练方法陈旧、模式化、缺少差别，训练内容高度相似，训练科目缺乏系统性等问题，导致青少年冰球运动员过早地出现技术定型，并影响身体形态、生理机能等方面的发展。

（三）青少年冰球运动员的成长路径

中国青少年冰球运动员的成长主要分为6～12岁和13～18岁两个阶段。冰球运动员上冰早，有的运动员3岁就开始初级的冰上训练，而真正能代表国家参加青少年比赛的运动员一般为18岁。北京市冰球运动协会数据显示，2015年注册冰球运动员达到1907人，但大多数为初学者。在北京的冰球俱乐部层面，6～12岁的少年冰球运动员训练频次高，而且家长多为联赛的支持者和创办者。

在中国，青少年冰球运动员的发展以15岁为分界线。15岁以上的冰球运动员数量锐减。冰球运动员数量与年龄的增长成反比，主要原因是运动员面临升学压力和高校冰球运动队缺乏。15岁之后，运动员面临升学的压力，许多家长希望孩子将冰球作为兴趣而不是职业。家长抱着让孩子从小锻炼身体的想法接触冰球，但很少有家长支持孩子以冰球为职业，甚至有家长认为冰球在国内没有可持续发展的可能。其结果是青少年冰球训练频次减少。一部分青少年在国外读书时会坚持冰球运动，还有一小部分青少年选择考取冰球裁判员，继续为冰球运动贡献力量。

联赛设置不合理给青少年冰球运动员的成长带来不良影响。随着年龄的增长，中国青少年冰球运动员可以参与的联赛越来越少。北美的中学生一年可打四五十场的高水平比赛，而北京 U12 级别运动员一年仅有十几场比赛，U14 级别运动员的比赛不足 10 场。

在美国和加拿大，青少年冰球运动员的成长路径较为清晰。加拿大和美国青少年冰球运动员的基数大，拥有较为完善的培养路径，如严格的梯度设置、丰富的联赛。在这两个国家，冰球运动员主要分为少儿、青少年、青年三个阶段。少儿阶段主要根据年龄划分，同龄组中又会根据能力的高低分为不同等级，有能力的少年才有机会进入青少年冰球训练阶段。青少年阶段的运动员有机会参加各个级别的联赛，例如西部冰球联盟、安大略冰球联盟、魁北克高级青年冰球联盟等顶级的青少年联赛，表现极佳的运动员则可以进入国家冰球联盟职业队。21 岁以上的冰球运动员如果既没有考入大学也没有打入职业联赛，则加入业余或半职业性质的赛事。

（四）政府政策对青少年冰球运动的推动

2022 年北京冬奥会的成功申办为中国冬季运动项目的普及、提高冬季运动项目的技术水平提供了重要的发展契机，国家层面政

策的制定和顺利实施是重要保障。《群众冬季运动推广普及计划（2016—2020 年）》《冰雪运动发展规划（2016—2025 年）》《青少年体育活动促进计划》等一系列文件的发布，为中国青少年参与冰雪运动、冰雪进校园提供了基本方针。

下面以北京市为例，说明政府政策对青少年冰球运动发展的推动作用。北京获得 2022 年冬奥会举办权，北京市的冰雪运动发展进入前所未有的发展期，越来越多的青少年参与冰雪运动。北京市政府相继颁布了多项政策，促进冰雪运动发展。例如，推动"冰雪进校园"，创办冰雪特色校和冰雪示范校。冰雪进校园、冰雪运动课程开设、冰雪特色校建设、冬奥会知识普及等也成为 2018 年北京市教育委员会的重要任务。按照总体发展规划，北京市将在 2022 年前建设 200 所北京市冰雪运动特色学校。"市财政部门根据市教育行政部门评估验收结果对特色学校给予经费支持。支持标准第一年为 50 万元/校，以后年度根据评估验收结果按照 25 万元、50 万元、75 万元三个等级确定。验收不合格的取消特色校资格，市级不再给予经费支持。"①

北京市也出台了政策促进竞技冰雪运动队及联赛的建设。北京市的青少年冰雪运动比赛以北京市体育局组织和举办的单项锦标赛及北京市教育委员会组织的学校冬季运动比赛为主。其中北京市青少年滑雪锦标赛、北京市中小学生校际冰球联赛、北京青少年花样滑冰比赛和北京市青少年冰球俱乐部联赛四大冰雪赛事发展迅速。

---

① 《北京市教育委员会北京市财政局关于印发北京市支持校园冰雪运动发展项目管理办法（试行）的通知》，北京市教育委员会网站，2018 年 9 月 27 日，http：//jw.beijing.gov.cn/xx.gk/zxxxgk/201809/t20180927_1447101.html。

2017 年，北京市 16 个区共组建了 83 支区级青少年冬季项目运动队，包括男子和女子冰球后备梯队、青少年队，共 1029 名运动员。[①] 开展短道速滑、花样滑冰、冰球、冰壶、双板滑雪、单板滑雪六个项目。这些区级青少年冬季项目运动队与市级青少年冬季项目运动队相互衔接，实现了所有的冰雪大项在北京市都有开展，每个区至少有 1 支运动队，而且所有运动队都参加年度青少年冰雪赛事。到 2018 年，北京市青少年冬季项目运动队达到 107 支。

可以看出，政府政策是实现竞技体育运动快速发展的有力支撑和保障，但政策实施与落地方面仍面临一些问题。一是财力和行政资源有限的地区无法有效落实政策，虽然冬季运动在北京、上海、南京等经济发展较快的地区有所发展，但西南部、西北部地区仍需要加快落实政策，弥补地区发展不平衡这一短板。二是虽然政策支持冰球运动发展，但冰球运动仍面临普及度不高、社会认可度不够的现状，仍然是小众运动。在访谈中，一些冰球俱乐部对北京市目前冰球政策的持续性表示担忧，担心 2022 年冬奥会结束之后，政府支持冰雪运动的热情会下降，目前建立在政府支持基础上的青少年冰球繁荣会面临"断崖式下滑"。由此可见，政策保障对于冰球运动在短期内的快速发展至关重要；但是在长期推广冰球运动方面，增强民间在冰球运动上的造血能力才是关键，仅靠政府的短期输血无法从根本上扭转冰球运动的边缘角色。

---

① 《北京成立 83 支区级青少年冬季项目运动队》，新华网，2017 年 7 月 14 日，http：//m. xinhuanet. com/sports/2017 － 07/14/c_ 1121317165. htm。

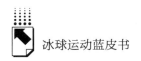
（五）影响青少年冰球发展的家庭因素

青少年冰球事业的发展和青少年冰球运动员的成长都离不开家庭的支持。根据对中国青少年冰球运动员家长的调查，家长支持孩子参与冰球运动的原因主要有以下几个方面。一是强身健体、娱乐身心。这是家长支持孩子参与冰球运动的最主要原因，大部分家长因为孩子对这个项目表现出较强的兴趣而支持。二是安全性较高、锻炼孩子品格。支持孩子参与冰球运动的很多家长认为冰球运动的防护措施好、对抗强度处于安全范围内，安全性较高；冰球运动是一个集体项目，有利于小运动员培养团结协作、顽强拼搏的品格。三是硬件设施较好，物理环境良好；人文环境方面，孩子们志同道合，可以结交益友。冰球运动是一项对场地设施要求较高的运动，并且冰球运动场馆大多数处于室内，没有灰尘且空气湿润，环境较好；在家长看来，参与同一运动的队友具有相近的兴趣和性格，家长都希望孩子拥有更多的朋友和更好的友谊。

家长对于青少年参与冰球运动仍然有一些顾虑，主要有以下几个方面。一是安全问题，虽然冰球运动的防护措施较好，但很多家长并不认为冰球运动对孩子而言是绝对安全的。二是费用问题，相对于其他体育项目的培训费用，冰球运动培训的花销较高。三是环境问题，中国大部分冰球场地设施简陋，让家长对冰球运动难以产生较高的认同感。四是时间问题，目前中国大部分青少年冰球培训需要家长全程陪同，对家长的时间也有一定要求；孩子的课余时间被学业和艺术等培训占据了很多，孩子参加冰球运动培训的时间也很难安排。五是技术问题，中国冰球运动水平整体不高，很多家长对中国青少年冰球培训的专业性有所质疑，特别是没有很好的标准衡量教练员的教学水平。六是认知问题，冰球运动在中国的普及度不高，很多家长无法了解到冰球运动，因此没有机会让孩子接触冰球运动，更没有机会培养孩子对冰球运动的兴趣。

但家长对青少年冰球运动普遍持支持态度，解决家长在冰球运动安全、费用方面的疑问和顾虑，大部分家长很乐意支持孩子参与这项运动。访谈中，很多不了解冰球运动的家长认为冰球运动很不安全，其对抗性让家长担心孩子在运动中受伤。冰球运动对运动员间的对抗冲撞有严格规范，合理、合规的冲撞需要技巧和智慧，也考验运动员的技术水平。真正了解这项运动以后家长在这个问题上便消除了一些顾虑。在费用方面，很多家长误以为冰球运动是一个花费高昂的项目。我们了解到一般的青少年冰球运动年均培训费用大致与英文学习费用相当，并没有达到普通家庭难以负担的程度，市场上的许多评价有失公允。

二 冰球发展程度影响因素分析

（一）分析方法

本文基于国际冰球联合会发布的年度报告①，收集了 75 个国家和地区 2018 年度注册冰球运动员总数、青少年冰球运动员总数、

---

① 国际冰球联合会发布的季度报告和年度报告参见其官方网站，"IIHF Season Summary，" International Ice Hockey Federation，https://www.iihf.com/en/statichub/4823/annual‐report。若无特别说明，本节引用数据均来自国际冰球联合会公布的数据。

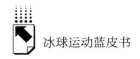
成年冰球运动员总数、室内冰球运动场数目、室外冰球运动场数目，将这些变量作为衡量冰球发展程度的指标。从世界银行网站上收集了这些国家和地区2018年度的人均国内生产总值和人口数目，人均国内生产总值按照2018年美元价格计价。每个国家的平均气温采用1961~1990年的平均气温（摄氏度）。

在分析方法上，首先，本文利用探索性分析方法，分析了主要变量之间的趋势性关系，为后续分析指明方向。其次，利用计量经济学当中常见的log-log多元回归模型，深入分析冰球发展水平对不同影响因素的响应（弹性）。因变量是各国家和地区的注册冰球运动员总数、青少年冰球运动员总数、成年冰球运动员总数、室内冰球运动场数目、室外冰球运动场数目和冰球运动场总数，自变量是年平均气温、人均国内生产总值和人口数目。采用log-log模型的主要原因是因变量和人均国内生产总值的分布呈现偏斜分布，在取对数之后呈现正态分布。此外，log-log模型的系数可以解读为"弹性"，便于解释模型结果。再次，为了分析各变量对冰球发展水平影响的具体路径和因果关系，进行中介分析。根据常识和描述性分析的结果，假设冰球运动场数目是人口数目和气候条件影响青少年冰球发展程度的中介变量（见图1）。为了对中介效应进行检验，采用分布检验法。考虑到分布检验法可能带来的第一类错误，再利用Bootstrap方法多次拟合对中介效应进行检验。

（二）分析结果

根据探索性分析的结果，随着一国人均国内生产总值、人口数

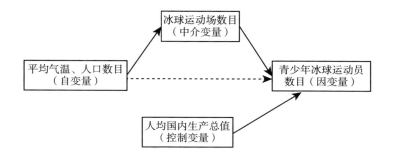

图1　影响冰球发展程度的主要变量关系

目和冰球场地总数增加，该国的青少年冰球运动员则会增加；而该国平均气温下降，青少年冰球运动员的增加会带动冰球发展程度提高（见图2）。

利用 log-log 模型分析发现，人均国内生产总值每增加 1%，注册冰球运动员的数目增加 0.64%，青少年冰球运动员增加 0.58%（见表1）。冰球的装备、训练、场地都相对昂贵，经济情况改善会让更多的人有条件投入冰球运动。冰球运动员数目相对人均国内生产总值变化缺乏弹性，虽然冰球运动员数目会受经济发展水平的影响，但不是特别敏感。冰球发展程度与一国的气候条件密切相关，平均气温每降低 1 摄氏度，注册冰球运动员数目会增加 0.13%，青少年冰球运动员增加 0.14%。在天气寒冷的地方，冰球运动在人群中的接受程度较高。虽然人口数目与各因变量之间存在显著的相关性，但是系数值非常小，表明人口总数对注册冰球运动员的影响较小。例如，人口每增加 100 万人，一国注册冰球运动员仅增加 0.2%。而人口数目和青少年冰球运动员之间不存在统计相关性。

此外，冰球场地数目与人均国内生产总值没有统计学上的相关

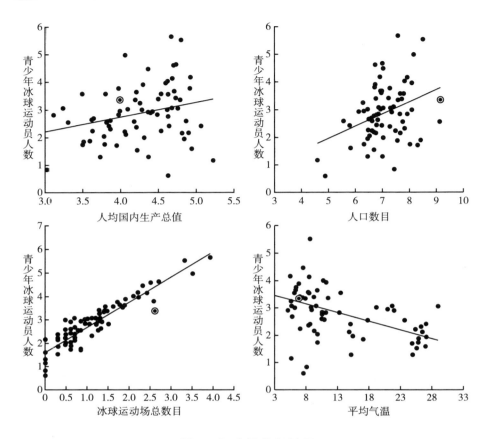

图2 探索性分析结果

注：图中的注册青少年冰球运动员人数、人均国内生产总值、人口数目、冰球运动场地总数目均在对数尺度上绘制；图中带圈黑点代表中国。

性，仅与气候条件相关，但是室内冰球场地数目与气候条件和人均国内生产总值均有统计学上的相关性（见表1）。考虑到全世界绝大部分的冰球运动场是室外场地，所以一个国家的冰球运动场总数是由其气候条件（温度）而不是经济发展条件决定的。但是一个国家的室内冰球运动场数目受到其经济发展状况的影响，因为室内冰球场地建设与维护需要更多资金支持。

表 1　回归分析结果

变量	注册冰球运动员总数	青少年冰球运动员数目	成年冰球年运动员数目
人均国内生产总值	0.641 ***	0.582 **	0.835 ***
平均气温	− 0.133 ***	− 0.145 ***	− 0.127 ***
人口总数	2.041E − 9 *	1.928E − 9	2.156E − 9

变量	冰球运动场总数目	室内冰球运动场数目	室外冰球运动场数目
人均国内生产总值	0.275	0.441 *	− 0.019
平均气温	− 0.136 ***	− 0.105 ***	− 0.227 ***
人口总数	2.998E − 9 **	2.664E − 9 **	3.998E − 9 ***

注：*** 代表在 < 0.1% 程度上显著；** 代表在 0.1% ~ 1% 上显著；* 代表在 5% 上显著。

　　假定冰球运动场数目是青少年冰球运动员数目与气候和人口数目之间的中介变量，采用逐步回归法进行验证。首先，以青少年冰球运动员数目为因变量，气温和人口数目作为自变量，控制其他变量后，进行回归分析，回归系数分别是 0.145（p < 0.001）和 1.928E − 9（p = 0.06）。其次，以冰球场地数目为因变量，以气温和人口数目为自变量，控制其他变量后，进行回归分析，回归系数分别是 − 0.136（p < 0.001）和 2.998E − 9（p = 0.003）。最后，以青少年冰球运动员数目为因变量，气温、人口数目和冰球场地数目作为自变量，控制其他变量后，进行回归分析，回归系数分别是 − 0.0212（p = 0.15）和 − 7.915E − 10（p = 0.11）。结果表明，冰球场地数目对青少年冰球运动员数目的预测起着中介作用。利用 Bootstrap 方法对中介作用进行更为准确的检验（利用 R 语言的 Mediation 包实现），发现气温对青少年冰球运动员数目的影响被冰

球运动场数目中介，其中介效应为 -0.1233（p < 0.001）；人口数目对青少年冰球运动员数目的影响被冰球运动场数目中介，其中介效应为 2.72E-9（p < 0.001），表明冰球场地数目确实为气温和人口数目对青少年冰球运动员影响的中介变量。

基于以上结果，我们发现人口、冰球场地数目、经济发展水平和平均气温都会影响一国青少年冰球事业的发展。

本文的分析只利用了一年的数据，具有局限性。本文把青少年冰球运动员作为因变量，把冰球场地数目作为自变量；但青少年冰球运动员数目也会决定冰球场地数目，数目庞大的青少年冰球运动员会刺激更多冰球场地的修建。在未来的研究中，需要采用多年数据，利用格兰杰因果关系检验等方法加以甄别。另外，一国民众对冰球的接受程度等其他影响青少年冰球运动的因素，本文未能进行量化并放入模型中，后续的研究需要考察更多变量的影响。

三　中国青少年冰球运动发展的建议

（一）加大政策扶持力度

在政策层面，应积极引导社会资源更多地关注冰球，营造冰球文化氛围，推动冰球运动的普及。加强体育教育对冰球运动的重视程度，积极开展校园冰球运动，进而有效提高青少年的参与度。加强专业队伍建设，打造一系列品牌赛事。加大冰球场馆设施建设投入，建设多功能综合性冰球场馆，提高场地利用率，降低俱乐部运营成本以及培训费用。建立行业标准，加强青少年冰球培训市场规范性，对教练员进行等级考核、定期培训，提高教练员的教学水平。

（二）规范青少年冰球培训市场

现阶段，有必要对青少年冰球培训市场进行规范。一是加强教师和教练员队伍建设。邀请一些高水平教练员讲学或者让一些年轻的教练参加进修或培训，提高其基本理论、基本技术水平，加强教学、训练方法等方面的研究，不断提高自身的业务和科研能力；相关协会、组织应该撰写培训大纲和培训材料，提高教练们的专业素养和训练水平。二是完善冰雪特色学校的教学大纲，丰富教学内容。各类培训中心或学校应结合自身的实际情况，编写一套科学、规范并行之有效的教材和大纲，以满足基础学员的实际需要。三是俱乐部需要建立一定的准入制度，改变青少年冰球市场教练鱼龙混杂的现状。

（三）完善青少年冰球运动联赛体制

其一，建立并逐渐完善针对高中生的冰球联赛体制，弥补从15岁到成年阶段冰球发展的缺口，让超过15岁的青少年冰球运动员仍然可以参加联赛。其二，在联赛体制的基础上，打造一系列品牌赛事，提高冰球运动的影响力，促进冰球运动人才梯队建设，并解决青少年冰球运动员"无赛可比，无处可去，无路可走"等问题。其三，在高中普及冰球运动，并逐步探索高校招收冰球体育特长生的制度，让有冰球天赋的高中生不会因为课业压力繁重而完全放弃冰球训练。

（四）发动社会尤其是冰球俱乐部的力量

将学校、社会力量纳入冰球后备人才培养体系的构架，如各地

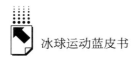

俱乐部进行冰雪运动的基础设施建设、学校开设冰球知识普及课程。根据中国冰球运动发展布局，探索多元化的赛事形式和赛制设计，创新发展现有的竞赛体系。更新观念，完善冰球运动员社会保障体系。普及后备人才体育训练与文化知识学习兼顾的培养理念，真正做到"体教结合"。

（五）鼓励家庭支持和参与青少年冰球运动

通过青少年联赛、冰雪特色学校、冰球体育特长生等制度，有效提高社会关注度，让更多的家庭对冰球运动产生兴趣，从而让孩子投入其中。加大政策支持力度，通过降低税收等政策降低俱乐部的运营费用，以降低冰球运动培训费用，减轻家庭负担，吸引更多青少年参与。加大对冰球场地设施的投入，发挥政府、社会、俱乐部三方力量，共同改善青少年冰球培训环境，鼓励更多的家庭让孩子参与冰球运动。

（六）兴建室内冰球场地，丰富青少年冰球运动的硬件设施

上文的实证分析结果表明，气候和人口数目都是决定一国青少年冰球运动员人数的重要指标。气温越低，参与冰球运动的人数就会越多；人口对于青少年冰球运动的促进作用有限，人口众多不一定意味着有更多青少年参加冰球运动。但是人口数目和气温对青少年冰球的促进作用是以冰球场地数目为中介的。这意味冰球运动场地数目不足将制约一国青少年冰球运动的发展。冰球运动在青少年中的推广和繁荣需要更多的冰球场地来支撑。根据上文的分析，室外的冰球场地数目主要受气候条件影响，与经济发展程度无关；而

室内冰球场地数目受到气候和经济发展水平的双重影响。受限于地理条件，中国可大力发展室内冰球来促进青少年冰球运动的发展。

另外，一国经济发展状况也影响着青少年冰球运动的发展，但影响有限，体育政策制定者需要更多地考虑其他非经济因素（如大众宣传、公众参与）对冰球运动发展的影响。

参考文献

范爱苓：《青少年冰球运动员创造思维能力的培养》，《冰雪运动》2005年第1期。

郎兵宇、张海泉：《对我国冰球运动发展现状及对策研究》，《当代体育科技》2014年第4期。

刘平江、马思远、金媛媛、郝晓岑：《基于2022年冬奥会视域下北京市青少年冰雪运动发展研究》，《南京体育学院学报》2019年第7期。

张娅姗、张良祥：《中、加、美冰球后备人才培养模式对比与发展对策》，《冰雪运动》2018年第1期。

R. M. Baron, D. A. Kenny, "The Moderator-mediator Variable Distinction in Social Psychological Research: Conceptual, Strategic, and Statistical Considerations," *Journal of Personality and Social Psychology*, Vol. 51, No. 6, 1986.

D. Tofighi, D. P. MacKinnon, "RMediation: An R Package for Mediation Analysis Confidence Intervals," *Behavior Research Methods*, Vol. 43, No. 3, 2011.

B.4
2022年北京冬奥会：
中国国家冰球队的机遇与挑战

韩 华 宋赫民*

摘 要： 2022年北京冬奥会为中国国家冰球队提供了广阔的发展空间，也带来了巨大挑战。以备战2022年北京冬奥会为契机，国家冰球队开启跨项选材，解决后备人才选拔难题，完善后备人才培养机制；积极参与国际赛事，"以赛代练"，提高运动员的技战术水平和培养团队协作精神。然而，当前国家冰球队竞技水平仍较低，人才匮乏、基础设施保障不足、科技保障力度小以及缺乏职业赛事平台制约着冰球队的发展。因此，加强政策保障、基础设施保障，构建多元化培养体系和训练模式，完善后备人才培养机制，成为提高国家冰球队竞技水平的重要方面。

关键词： 北京冬奥会 冰球运动 中国国家冰球队

---

* 韩华，经济学博士，北京体育大学体育商学院讲师，研究方向为体育产业管理；宋赫民，经济学博士，北京体育大学体育商学院讲师，研究方向为体育赛事管理。

2018 年 5 月，在国际冰球联合会（以下简称"国际冰联"）哥本哈根大会上，国际冰联讨论并通过了中国国家男子冰球队和女子冰球队直通北京 2022 年冬奥会的决议，这意味着中国国家冰球队提前锁定 2022 年冬奥会的参赛资格，成为历史上首次直接参加冬奥会的东道主，为提高国家冰球队的竞技水平和推动中国冰球运动的发展带来重要契机。然而，与欧美国家冰球队相比，中国国家冰球队的实力仍然偏弱。如何提高球队的国际竞争力，成为当前中国冰球界面临的重要挑战。本文分析了当前国家冰球队的发展现状，探究 2022 年冬奥会给国家冰球队带来的机遇和挑战，并提出提高冰球队竞争力的有效路径。

一 中国国家冰球队实力现状

20 世纪八九十年代，中国国家冰球队实力处于世界前列，但随后呈现断崖式下滑，尤其是男子冰球队，竞技水平一落千丈。与男子冰球队相比，女子冰球队曾经是世界一流强队，但如今已经下滑至世界三流队伍，自 2010 年温哥华冬奥会以来，一直无缘冬奥会赛场。

根据 1996～2018 年国家女子冰球队的成绩统计数据，2002 年以前，国家女子冰球队在各项大赛中一直处于领先地位。然而，自 2006 年以后，国家女子冰球队的成绩急剧下滑，2006～2018 年四届冬奥会中有三届冬奥会未取得参赛资格（见表 1）。根据 2019 年国际冰联女子冰球世界锦标赛的统计数据，世界冰球队伍分为三个档次，其中中国国家女子冰球队处于第二档甲级 B 组（见图 1），与高水平国家队差距明显。

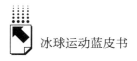

表1 1996～2018年中国国家女子冰球队大赛成绩

年份	赛事	成绩
1994	世锦赛	第4名
1996	亚洲冬季运动会	第1名
1998	长野冬奥会	第4名
1999	亚洲冬季运动会	第1名
2002	盐湖城冬奥会	第7名
2006	都灵冬奥会	未获得参赛资格
2009	世锦赛	第9名降入甲级
2010	温哥华冬奥会	第7名
2014	索契冬奥会	未获得参赛资格
2018	平昌冬奥会	未获得参赛资格

资料来源：根据历届大赛相关数据整理。

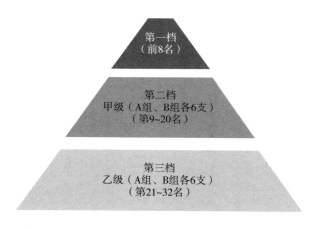

图1 女子冰球世锦赛球队档次分布

中国国家男子冰球队在20世纪七八十年代曾经有过辉煌的成绩，在亚洲冬季运动会上连续两届战胜日本和韩国，在亚洲地区保持较强竞争力。但从世界范围来看，中国国家男子冰球队实力较弱，一直以来是冬奥会的"看客"。在世锦赛排行榜中，国家男子冰球队位于世界第三梯队，2017 年以前，位列乙级 B 组，2017 年以后上升至乙级 A 组。

冰球属于集体运动项目，与足球、篮球、排球等项目类似，需要多人配合完成比赛，为提高球队实力，球员之间的相互磨合至关重要。然而，在中国，冰球运动一直属于小众体育，难以有效挖掘其潜在的商业价值。自然环境限制、基础设施条件差、冰球人才缺乏、联赛体系不完善、媒体宣传力度不足等因素严重制约了中国冰球运动的发展，整体实力长期处于低谷。为备战 2022 年北京冬奥会，国家男子冰球队和女子冰球队积极探索，进行了一系列尝试，努力提高竞争实力。例如，2017 年，以国家队为班底的昆仑鸿星女子冰球俱乐部和万科阳光俱乐部征战加拿大女子冰球联赛（Canadian Women's Hockey League，CWHL）；2018 年，两支队伍合并，组成深圳昆仑鸿星万科阳光队继续参加加拿大女子冰球联赛。这种"国家俱乐部"模式通过"以赛代练"方式有效地提高了国家冰球队的竞技水平。

二　2022年北京冬奥会给国家冰球队带来的机遇

（一）充分利用赛事平台

2022 年北京冬奥会给中国冰球运动带来了重大发展机遇。国家男子冰球队和女子冰球队获得直通 2022 年北京冬奥会的参赛资格，国家女子冰球队自 2010 年温哥华冬奥会后时隔 12 年重回奥运

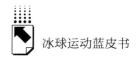
会赛场，国家男子冰球队则第一次走上奥运会赛场。以备战2022年北京冬奥会为契机，国家冰球队将获得更多与国外顶级球队同场竞技的机会，通过"以赛代练"积累大赛经验，提高球队竞争实力。

例如，通过与北美国家冰球联盟（National Hockey League，NHL）建立长期合作伙伴关系，推动北美国家冰球联盟在中国举办冰球赛事，为中国近距离接触高水平冰球联赛、激发国民参与热情、促进中国冰球运动发展提供有利条件。2019年10月19日，"中国冰球发展高峰论坛—中芬冰球论坛"成功举办。"中芬冰球论坛旨在搭建中芬冰球界权威沟通平台，为中国冰球发展献计献策，推动青少年冰球的普及和发展，更好地服务2022年北京冬奥会备战工作。"① 此外，中国与荷兰、捷克、芬兰、俄罗斯等国进行了不同场次的冰球比赛，球队实力进一步提高。

（二）跨项选材解决后备人才选拔难题

提高竞技体育运动水平离不开科学的选材、科学的育才和科学的管理。科学选材是前提，科学育才是核心，科学管理是保障。后备人才不足是当前中国国家冰球队面临的首要问题，短时间内培育冰球后备力量尤为关键。随着2022年北京冬奥会日益临近，冰球后备人才匮乏的现状给中国冰球传统选材方式带来巨大挑战，但也为冰球运动开启跨项选材提供了空间。跨项选材是

---

① 《2019中国冰球发展高峰论坛—中芬冰球论坛成功举行》，人民网，2019年10月20日，http：//sports. people. com. cn/n1/2019/1020/c430468 - 31409665. html。

068

国际上比较流行的选材方式，现阶段并无统一定义，但已被许多国家认可和接受，例如俄罗斯、日本、英国、美国、澳大利亚等。与传统选材方式相比，跨项选材需要运动员具备一定的身体素质和运动基础，并且其从事的运动项目与冰球项目属性相同。冰球运动拥有冰上运动和球类运动的双重属性，具有对抗性和灵活性等特点。对于冰球运动员来说，滑跑是比赛的基础技能。因此，除团队默契配合外，个人身体素质和技战术水平是决定比赛结果的关键。

长期以来，由于自然环境、基础设施等外部条件的限制，中国冰球运动发展较为缓慢，冰球运动员凤毛麟角，群众参与率和支持率极低。相比之下，篮球、足球、排球项目已经发展到全民参与，大到专业体育中心，小到街道社区，篮球场地、足球场地、排球场地随处可见。为此，冰球运动可以从篮球、足球、排球以及冰上单人项目入手，结合运动员身体素质、职业发展以及冰球项目需求开展跨项选材。跨项选材能够解决当前中国冰球人才稀缺的问题，拓宽原有项目运动员的职业生涯发展通道，为充分挖掘冰球人才提出可行路径。

（三）后备人才培养机制持续发力

1. 国家政策为后备人才培养提供制度保障

2019年9月，国务院办公厅发布《体育强国建设纲要》，明确提出："做好2020年东京奥运会、残奥会和2022年北京冬奥会、冬残奥会备战参赛工作。在保持传统优势项目领先地位的基础上，做大做强基础项目；持续加大冰雪项目选材力度，恶补冰雪项目短

板，不断提高冰雪竞技水平。"① 中央和地方政府积极出台政策，推广冰雪运动，为后备人才培养提供制度保障。现阶段，全国多个省份从人力、基础设施、资金等方面加大对冰球运动的扶持力度，扩大后备人才基数，积极备战 2022 年北京冬奥会。

2. 体教融合夯实人才培养基础

体教环境在很大程度上受地域因素的影响，冰雪运动更是如此，无论是运动员还是冰球场馆大多集中于黑龙江和吉林两省。在冰球后备人才培养方面，中国目前仍以体校、体育学院和专业俱乐部为主，以大学、中学、小学及各类辅导机构为辅。许多青少年虽然热爱冰球运动，但因学业压力以及担心职业发展前景而放弃冰球运动，造成冰球后备人才大量流失。例如，北京市青少年冰球俱乐部联赛的参赛球队大多来自小学，U14 以上的队伍凤毛麟角。针对这些现象，中国冰球协会积极采取措施。2018 年 3 月，中国冰球协会在国家冰球人才选拔公告中详细列明入选球员待遇：第一，由中外高水平教练团队全面培养，提供包含体能训练师在内的专业团队全方位保障；第二，由中国冰球协会安排的培训课程费用全免；第三，代表国家参加各项国际、国内赛事的费用全免（包含球员往返机票、住宿、参赛费用等）；第四，有机会进入国家冰球队，参加各项国际冰球赛事和冬季青年奥运会；第五，有机会进入北京体育大学、

---

① 《国务院办公厅关于印发体育强国建设纲要的通知》，中国政府网，2019 年 9 月 2 日，http：//www. gov. cn/zhengce/content/2019 – 09/02/content_ 5426485. htm。

中国冰球运动学院等冰上运动特色高校和专业院校深造。① 各地体育与教育管理部门相互协调，共同实施冰球课程入校园等举措，让学生在学校也可以体验冰球运动，推进形成青少年积极参与冰球运动的良好环境。

3. 创新培养模式，提高竞技水平

2017 年，国家冰球队与北京昆仑鸿星冰球俱乐部（以下简称"昆仑鸿星"）合作，依托昆仑鸿星相对完善的冰球训练体系，共建 5 支冰球国家队：国家男子 U20 冰球队、国家男子 U18 冰球队、国家女子 U18 冰球队、国家男子冰球队、国家女子冰球队，重点打造冰球"国家俱乐部"模式。2017 年 5 月，中国冰球"国家俱乐部"在北京正式成立。该模式以国家队为班底，通过吸收外援，参加国家冰球联盟、加拿大女子冰球联赛等职业联赛。国家俱乐部采用冰球人才"PPP"模式，突破了冰雪运动项目的传统合作模式，是一次政府与社会力量合作的有益尝试，有利于融合以俱乐部为代表的社会资源，解决国家队赛事少、赛事单一的问题。昆仑鸿星作为国内首家参加世界顶级冰球联赛——大陆冰球联赛（Kontinental Hockey League，KHL）的冰球俱乐部，在引援模式、人才培养、训练方式以及管理理念等方面具有突出优势。通过与俱乐部合作，国家冰球队能够参加高水平冰球联赛，改变此前冰球队参赛经验不足、缺乏对抗机会的局面，为培养冬奥会后备人才拓宽思路。国家冰球队也可以充分利用俱乐部的海外训练基地，拓宽冰

---

① 《中国冰球协会国家冰球后备人才选拔公告》，中国冰球协会微信公众号，2018 年 3 月 19 日，https://mp.weixin.qq.com/s/pvnTNfsHx5I7vLvtvghl1A。

球运动员进入藤校冰球联盟（ECAC）的通道，解决冰球运动员的后顾之忧，为国家培养大量后备人才。

三 2022年北京冬奥会给中国冰球队带来的挑战

（一）竞技水平亟须提高

尽管国家冰球队获得 2022 年北京冬奥会的参赛资格，但当前中国冰球队的竞技水平与国外冰球队相比有很大差距。现阶段，国家男子冰球队的世界排名为第 33 位，国家女子冰球队的世界排名为第 20 位，距离参加奥运会标准还有很大距离。提高竞技水平，积极备战 2022 年北京冬奥会成为国家冰球队当务之急。

（二）科技保障力度不足

受地域和社会环境影响，中国冰球运动场地匮乏、配套设施不完善、设备陈旧等问题比较突出，需要政府与社会各界通力合作、协同互补，提供有利于中国冰球事业发展的保障。

首先，需要扩大冰球训练场地规模。其次，冰球运动场馆的设计应与互联网平台结合，创建"互联网＋运动赛场"模式。引入人工智能技术，加大科技保障力度，使训练、比赛更加科学。例如，利用智能终端控制运动场馆的温度与湿度，利用互联网、大数据对赛事进行全面分析和监控，保障比赛公平、公正，并增强分析比赛技术的科学性。再次，增加训练配套设施，如惯性传感技术及3D 技术，科学记录并分析运动员的训练和比赛数据，为赛后训练提供有效支撑；加入虚拟比赛场景，提高运动员抗压能力。冰球运动与科技有机结合，有利于运动员随时掌握自身训练情况，有效消除运动疲劳，做到劳逸结合，循序渐进地提高比赛成绩。总之，中国冰球运动需要增加科学元素，积极利用新一代信息技术提高冰球运动训练、比赛的时效性。

（三）国内职业赛事支撑力度不够

在国内，与篮球、足球、排球等热门竞赛项目相比，冰球赛事平台支撑力度不足。一方面，中国冰球运动发展缓慢，受关注度明显较低，缺乏赞助商的有力支持；另一方面，冰球后备人才不足，竞技水平较低。冰球运动是一项团体竞技运动，既需要个人技术，队员之间也需要通过比赛来磨合，提高配合意识和增加赛场经验，参赛少、缺乏实战经验极大地阻碍了国家冰球队的发展。为此，相关管理部门需要持续加强国际交流与合作，为国家冰球队争取比赛机会，同步建立不同年龄段的多层次赛事体系，为冰球运动员备战2022年冬奥会、提高技战术水平提供平台支持。

四　提高冰球队竞技水平的途径

（一）制定全方位保障政策

2015年，北京赢得2022年冬奥会举办权，此后国家出台了一系列政策鼓励和支持冰雪运动发展，如《冰雪运动发展规划（2016—2025年）》《群众冬季运动推广普及计划（2016—2020

年）》等。2018 年，中国冰球协会积极推动"十百千万"工程，推动冰球运动项目逐步由十所高校进入万所小学；设立冰球发展基金，鼓励高校建立冰球运动队。2018 年，北京市教委下发《北京市教育委员会 2018 年高级中等学校招收体育艺术科技特长生工作的通知》，体育特长生测试新增冰雪运动项目，包括冰球、花样滑冰、速度滑冰、滑雪、冰壶五个项目。

与此同时，国家应积极调动社会力量，加大财政扶持力度，着力增强基础设施保障，解决后备力量不足、教练员水平较低等问题，并在冰球运动员待遇、继续教育以及退役保障等方面提供大力支持，从而实现中国冰球运动科学、可持续发展。

（二）构建多元化训练模式

目前，中国国家冰球队整体实力相对较弱，仍存在攻防转换不够灵活、团队协作不默契、技术水平不高等问题，不仅需要提高球员技战术水平，还需要提高教练员的能力。教练是一个球队的"舵手"，指引着一个球队的发展方向。因此，在选拔教练员方面，一方面应在国际上聘请经验丰富的教练，另一方面应大力培养中国本土优秀教练，支持其出国学习先进经验，制定适合中国运动员的科学训练方法。在运动员方面，可签约外籍球员，参与国内和国际联赛，带动国内球员提高技战术水平。同时，鼓励国内球员征战国外联赛，"以赛代练"，提高技战术水平。

（三）打造系统化培养体系

影响冰球运动竞技水平的因素较多，但冰球后备人才的培养起决定作用。面临冰球后备人才不足的困境，只有从根本上解决这一问题，才能实现中国冰球运动的可持续发展。在此，可借鉴竞技体育人才培养的 LTAD（Long-Term Athlete Development）模式。此模式主要通过激发青少年对冰球运动的兴趣，采用全方位、系统化培养，最终参加国内高水平比赛的递进式培养过程。LTAD 模式是一项培养高水平运动员的长期发展模式，在英国、加拿大等国家得到了广泛应用并收到良好成效。在应用 LTAD 模式的过程中，应结合中国冰球发展的现实情况，一方面，鉴于素质教育阶段无法实现对青少年的单一专项培训，应深入贯彻"体教结合"，加强冰球运动教育，激发学生对冰球运动的兴趣；另一方面，支持青少年全面发展，为从事冰球运动的学生提供升学保障，保证学生多途径选择，从而防止人才流失，为实现中国冰球运动高效、稳步发展提供坚实基础。

案 例 篇

B.5

黑龙江省冰球运动发展报告

王德显[*]

摘　要：　黑龙江省是中国冰球运动大省，为中国冰球运动输送了大量优秀的教练员和运动员，为中国冰球运动的发展做出了重要贡献。本文论述了黑龙江省冰球运动的人才培养、赛事举办、训练模式等现状，介绍了哈尔滨与齐齐哈尔两个重要冰球城市的冰球发展，以及以"黑龙冰刀"为代表的黑龙江省冰球产业发展情况。黑龙江省可通过提高竞技成绩、扩大群众基础、紧抓政策红利、

* 王德显，经济学博士，北京体育大学体育商学院讲师，研究方向为体育经济与体育产业发展。

完善赛事制度体系和运动员培养全过程、建立兼顾政府和市场调节的有效激励机制等方法，开拓冰球运动的可持续发展路径。

关键词： 冰球运动　冰球产业　黑龙江

黑龙江是中国冰球运动的大省、名省和强省。特定的区位优势和优良的历史传统成就了黑龙江省冰球运动的盛名。黑龙江省始终是中国优秀冰球运动员的摇篮，为中国国家冰球队伍培育与输送了大批高水平、高素质的优秀运动员和教练员。借助 2022 年北京冬奥会之"东风"，黑龙江省冰球运动发展迈上新台阶、实现新突破，包括：继承和发扬冰球运动的光荣传统，促进冰球运动人员数量和质量实现飞跃；注重运动员发展的可持续性，推动各类冰球培训机构、培训学校逐步正规化、规模化，打造黑龙江省冰球运动可持续发展的后备人才队伍；建立冰球协会等各类组织机构，为黑龙江省冰球运动实现制度化、市场化、可持续发展提供指导；在"三亿人参与冰雪运动"的目标指引下，促进黑龙江省冰球发展的一系列政策红利正逐步释放，将进一步推动黑龙江省冰球产业发展。当然，市场机制不完善、资本支撑不到位、人才外流严重等问题在包括黑龙江省在内的全国冰球运动的发展中普遍存在，阻碍着冰球运动不断向前的步伐，相关机构和协会必须有清醒的认识和积极的应对，进一步促进黑龙江省乃至全国冰球运动的可持续发展。

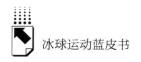

一 黑龙江省冰球运动的发展现状

黑龙江省是中国最早开始冰球运动的地区，哈尔滨在 1953 年 2 月就举办了首届全国冰上运动会，共有 5 支冰球队参赛。得益于良好的区位优势、时代优势和政策优势，黑龙江省冰球运动发展曾有过辉煌，也经历了坎坷历程。

（一）黑龙江省冰球运动的发展优势与历史

黑龙江率先在中国开展冰球运动的优势在于其独特区位下的天然冰场。黑龙江省位于中国东北部，冬季时间长、气温低，因而冰期长、冰质好。辽阔的地域和众多河流湖泊为黑龙江省冰球运动的发展提供了天然冰场，使冰球运动成为黑龙江一项较为常见的普通运动，因而冰球运动在黑龙江省具有很高的群众参与度。哈尔滨体育学院大学生滑冰馆、黑龙江速滑馆、哈尔滨冰球馆和黑龙江滑冰馆等室内冰场与天然冰场互相补充，为黑龙江省冰球运动发展提供了良好的基础，冰上运动也成为黑龙江省的一张特色名片。

各种优势促成了黑龙江省在中国冰球运动中的鳌头地位。黑龙江省是中国最早开始冰球运动的省份，冰球运动参与率居全国首位，是国家冰球队主力运动员的主要输出地，也包揽了 20 世纪中国各类冰球赛事的冠军。1980～1995 年是黑龙江省冰球运动发展的黄金时期，冰球队取得了很多优秀的比赛成绩。例如，齐齐哈尔冰球队夺得 1980 年全国冰球甲级队联赛冠军；1981 年，在北京举行的世界冰球锦标赛 C 组比赛上，中国冰球队以 7 战 6 胜 1 负，进球 46 个、负球 14 个的成绩获得亚军、晋级 B 组。骄人的赛绩掀起了冰球运动的新热潮，带动更多人参与冰球运动。黑龙江省也因此积淀了深厚的冰球运动基础，竞技冰球、大众冰球、校园冰球都得到发展，形成了全社会参与冰球运动的良好氛围。但 20 世纪末至 21 世纪初，黑龙江省冰球发展进入低谷期，只有哈尔滨市、齐齐哈尔市、佳木斯市保留了冰球队。

（二）黑龙江省冰球运动的发展现状

黑龙江省冰球运动在人才培养、赛事举办、训练模式方面拥有自身独特的优势与特点，但也存在不足。

1. 冰球运动人才培养与队伍建设

根据朱佳滨等人[①]的研究，与其他省市相比，在冰球人才培养方面，黑龙江省仍具有较大优势。黑龙江省体育局等机构承担着该省主要的冰球人才培养工作，市场培训机构也逐渐成为有力的补充。哈尔滨冰上训练基地、齐齐哈尔市冬季运动项目管理中心以及黑龙江昆仑鸿星冰球俱乐部等不同机构成为黑龙江省冰球运动队员成长的摇篮和基地，它们拥有优秀的教练队伍，在职教练多为退役优秀运动员，拥有丰富的作战经验和技术积累。优秀的教练队伍支撑起黑龙江省冰球运动的复兴。

黑龙江昆仑鸿星冰球俱乐部是黑龙江冰球运动发展的重要支点。2017 年 5 月 27 日，黑龙江省和北京昆仑鸿星冰球俱乐部在双

---

① 朱佳滨、杜唯、周若晨、张彦秋、李亚：《黑龙江省冰球竞技后备人才培养研究》，《体育文化导刊》2019 年第 11 期，第 58 页。

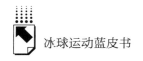
方现有资源优势的基础上组建了黑龙江昆仑鸿星冰球俱乐部，主场位于哈尔滨市。黑龙江昆仑鸿星冰球俱乐部是黑龙江自20世纪50年代初组建冰球队以来的首个省级冰球队，也是在黑龙江省注册的第一个职业冰球俱乐部，俱乐部队员由哈尔滨冰球队和齐齐哈尔冰球队选拔组成，共有25名队员。北京昆仑鸿星冰球俱乐部将依靠其国际专家团队和国际资源，为黑龙江冰球俱乐部制定系统、全面、科学的训练计划，提供竞赛、体能、测评、营养、医疗、康复等完备的训练和保障。

2. 冰球运动赛事举办与可持续发展

比赛场是运动员成长、成熟的主阵地。运动项目的普及、兴盛在很大程度上取决于运动员的培育和比赛的举办频率。黑龙江省作为中国冰球运动大省，其举办的各种冰球类赛事可以让本省运动员在主场作战，为运动员提高竞技水平和积累大赛经验提供练兵场。自2015年以来，在黑龙江省举办的各类冰球比赛逐年增多，赛事内容和主题愈加丰富，开放程度不断提高，逐渐形成稳定的赛事体系，运动员可"以赛代练"和"以赛促练"，进一步提高技术水平和积累比赛经验。

但黑龙江省冰球赛事也面临一些问题。黑龙江省冰球赛事活动的主办方主要是黑龙江省体育局和各级体育管理机构，市场主体很少参与其中。参赛队伍主要来自哈尔滨、齐齐哈尔、佳木斯等省内城市和美国、俄罗斯、韩国等国家，参赛队伍的多元化和多样性有待进一步增强。黑龙江省冰球赛事的举办地主要是哈尔滨和齐齐哈尔，凸显出省内冰球运动发展的不协调、不均衡，尽管黑龙江省政府机构已经认识到这一问题，如在佳木斯举办了"首届王嘉廉冰球希望学校大年龄段比赛"等赛事，但力度和速度有待进一步提高，部分赛事的可持续性引人担忧。另外，非主流赛事的媒体曝光率较低，新闻报道千篇一律，不利于黑龙江省冰球运动的广泛传播和深入研究。

3. 冰球运动"走出去"与"引进来"

"走出去"与"引进来"的开放式训练和"以赛代练"模式是黑龙江省冰球运动发展在新时代的新模式。2016 年 6 月，北京昆仑鸿星冰球俱乐部成功加入世界顶级冰球职业联赛——大陆冰球联赛（KHL），为黑龙江省冰球运动的对外合作交流拉开了序幕。2017 年，黑龙江昆仑鸿星队和吉林城投队先后加入俄罗斯冰球超级联赛（VHL）。2017 年 9 月，俄罗斯冰球超级联赛正式落地哈尔滨，这也是国际顶级冰球赛事首次落地中国冬季运动大省黑龙江。参赛的 28 支队伍来自俄罗斯、哈萨克斯坦和中国，在哈尔滨举行了 30 个场次的比赛。俄罗斯冰球超级联赛落地黑龙江，不仅促进了中国冰球运动的发展，而且这是中俄两国在体育领域深度合作的重要项目。

4. 政府扶持与政策红利

自 20 世纪 90 年代以来，尤其是进入 21 世纪后，包括黑龙江省的冰球运动，中国冰球运动逐渐"冷"了下来。国际赛场上的失利、冰球人才的流失、昂贵的冰球运动员培养费用、不健全的运动员成长和发展体系、全国冰球发展氛围的萧条等阻碍了中国冰球运动的发展。2015 年 7 月 31 日，北京成功获得 2022 年冬奥会和冬残奥会的举办权，中国冰球运动迎来新的发展机遇。表 1 从政策红利的视角展示了截至 2019 年年底中国促进冰球等冰雪运动发展的政

策措施。黑龙江省借助北京2022年举办冬奥会的良好机遇和"体育强国"等政策红利，结合自身优势，积极推动和支持本省冰球运动的发展。

表1 中国促进冰球运动的相关政策文件

时间	发文机构	政策
2016 年 3 月	中国冰球协会	《2022 中国冰球行动计划》
2016 年 5 月	国家体育总局	《体育发展"十三五"规划》
2016 年 6 月	国务院	《全民健身计划（2016—2020 年）》
2016 年 11 月	国家发展改革委、国家体育总局、教育部、国家旅游局	《冰雪运动发展规划（2016—2025 年）》
2016 年 11 月	国家体育总局	《群众冬季运动推广普及计划（2016—2022 年）》
2016 年 11 月	国家发展改革委、国家体育总局等 7 部门	《全国冰雪场地设施建设规划（2016—2022 年）》
2017 年 4 月	国家体育总局	《全国冬季项目体育竞赛管理办法（试行）》
2017 年 5 月	中国冰球协会	《中国国家冰球队运动员选拔实施细则（2017—2022）》
2018 年 12 月	国务院办公厅	《关于加快发展体育竞赛表演产业的指导意见》
2019 年 3 月	中共中央办公厅、国务院办公厅	《关于以 2022 年北京冬奥会为契机大力发展冰雪运动的意见》
2019 年 7 月	国务院	《国务院关于实施健康中国行动的意见》
2019 年 9 月	国务院办公厅	《体育强国建设纲要》
2019 年 9 月	国务院办公厅	《关于促进全民健身和体育消费推动体育产业高质量发展的意见》

资料来源：根据公开数据整理。

经济在发展，时代在进步，冰球运动员的培养和竞技水平的提高也需要与时俱进，黑龙江昆仑鸿星冰球俱乐部在国内率先采用开放的方式培养冰球运动员，俱乐部成员直接归属省队，优秀运动员还有机会进入国家队，这是中国冰球运动发展史上的一次重要尝试，也是政府和社会力量合作的重要尝试。黑龙江省冰球运动发展是中国冰球发展史上浓墨重彩的一笔，更是冰球项目备战 2022 年北京冬奥会的重要战略组成部分。

二 黑龙江省冰球运动的两大名城

（一）"冰球之乡"——哈尔滨

哈尔滨是中国冰球运动的发展重地，一度独领风骚。早在 20 世纪五六十年代，哈尔滨市许多中学和企业就组建了各自的冰球队。据不完全统计，"冰球之乡"哈尔滨曾拥有超过 30 支冰球队。但到 20 世纪末 21 世纪初，哈尔滨的冰球运动跌入低谷，大量的冰球队解散。中国赢得 2022 年冬奥会举办权推动哈尔滨冰球运动复兴。

哈尔滨冰球运动复兴首先要解决冰球人才流失问题。留住人才、重新激发民众对冰球运动的热情成为哈尔滨冰球运动复兴的关键，也是备战 2022 年冬奥会的要义。在各级政府一系列利好政策的支持下，哈尔滨地方政府也积极作为，通过引入外部比赛、国际交流、完善人才梯队建设、以赛代练等方式，振兴哈尔滨市冰球运动。

2017 年，全国第一座中小学校园冰球馆正式落户哈尔滨。平房区新华小学校的特色教育就是冰球运动，学校内有冰球馆，

场馆按照比赛标准建设，采取机械铺冰，球场四周全封闭隔挡，这在国内中小学中尚属首家。学校组建了 6～11 岁的女子冰球队，已获得多项国内、国际比赛大奖，并向国家队输送了 47 名专业运动员。

（二）"冰球之都"——齐齐哈尔

齐齐哈尔冰球运动的发展和传承具有得天独厚的区位优势。齐齐哈尔冬季时间长，大小河流及湖泊成为天然冰场。每到冬季，市民就会在大大小小的冰场中开展体育运动。冰球运动在齐齐哈尔得到普及，一些高校、企事业单位等都组建了自己的冰球队。冰球运动也是齐齐哈尔人的热门冬季运动。齐齐哈尔市体育局档案室仍保存着记录当时齐齐哈尔冰球盛况的老照片。"三区体育场"作为运动文化符号见证了齐齐哈尔冰球运动的发展历程。自 1955 年起，"三区体育场"承办了众多冰球赛事，反映了齐齐哈尔冰球运动的繁荣。自成立以来，齐齐哈尔冰球队先后培养了 60 余名冰球运动健将，向国家输送了 13 名教练员、500 多人次运动员，推动了中国冰球运动的发展。

齐齐哈尔冰球运动发展也曾经历低潮期，2022 年北京冬奥会推动了齐齐哈尔冰球运动的再次兴盛，齐齐哈尔人重新燃起了对冰球运动的热爱。冰球是 2022 年北京冬奥会的正式比赛项目，齐齐哈尔已经开始了冰球运动大练兵。例如，2020 年 1 月，"2020 中国·齐齐哈尔冰球节暨鹤城国际冰球邀请赛"在齐齐哈尔市冬季运动项目管理中心开赛，赛事在黑龙体育馆、华星冰上运动中心、黑龙花样滑冰馆同时进行，比赛持续 12 天，114 支队伍参赛，展开 303 场对决，吸引了上万名游客。这次邀请赛的成功举办展示出齐齐哈尔市"冰球之都"的魅力和承办大型冰球赛事的能力。另外，2017 年 1 月 3 日，齐齐哈尔市将每年 1 月第一个星期六定为齐齐哈尔冰球节，是中国首个设立冰球节的城市。

三　从冰球运动到冰球产业

黑龙江冰球运动在取得耀眼成绩的同时，冰球产业也在黑龙江迅速发展，"黑龙冰刀"驰名世界，产品远销海外。20 世纪末 21 世纪初，随着中国冰球运动的衰落，冰球产业也陷入低谷期。探究其背后的原因，以及如何在今后的产业发展中避免类似问题的发生，是政、产、学、研等都必须关注和思考的课题。

（一）"黑龙"发展简史

1951 年齐齐哈尔建立国营黑龙江五金厂。为了满足国家冰上运动的发展需求，工厂决定试制冰刀，1954 年 10 月冰刀试制成功，以"黑龙"命名。黑龙冰刀发迹于 1958 年广州交易会。在广交会的冰刀对比试验中，"黑龙"牌冰刀将挪威产冰刀砍出了豁口，这极大地提高了"黑龙冰刀"的知名度并拓宽了其销路。"黑龙冰刀"曾荣获国家质量金奖，是中国驰名商标、世界名牌产品，也是国家冰刀、冰鞋配套生产的唯一定点厂家，"黑龙冰刀"还曾出口到瑞典、挪威、美国等 20 多个国家和地区。1992 年，以齐齐哈尔冰刀公司为核心组建的黑龙集团公司成为当时国内最大的冰上体育运动综合器材生产企业。1995 年，黑龙集团在国内率先研发

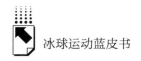

和投产"黑龙"品牌轮滑鞋，成为国内首家拥有轮滑鞋产品的生产企业。

（二）"黑龙"的发展困境与解决途径

由于消费市场的快速更新换代、管理水平滞后、市场定位不准确、产品技术创新不足等问题，"黑龙冰刀"难以跟上时代的步伐，经营逐渐陷入低谷，2012年"黑龙冰刀"停产。

2015年，北京成功申办2022年冬奥会。此后，黑龙江省先后出台了《黑龙江省人民政府关于加快发展体育产业促进体育消费的实施意见》《黑龙江省冰雪装备产业发展规划（2017—2022年)》等规划文件。在《国家体育总局、黑龙江省人民政府加快推进黑龙江省冰雪体育事业发展，服务北京冬奥会战略合作框架协议》中，明确在齐齐哈尔打造国家冰雪运动装备产业园区。2015年6月，黑龙江北大仓集团接手"黑龙冰刀"，恢复"黑龙冰刀"生产，"黑龙冰刀"进入了一个崭新的发展阶段。

在国家体育总局、黑龙江省和齐齐哈尔市等各级政府的关怀下，"黑龙"紧抓政策红利，推动企业的全面发展。例如，筹建研发中心，大力推进技术升级、延伸产业链条、提高核心竞争力。2017年黑龙集团公司正式更名为"黑龙国际冰雪装备有限公司"，"黑龙"技术研发中心被黑龙江省工信委认定为省级企业技术中心，黑龙江省冰上体育器材工程技术研究中心通过黑龙江省科学技术厅认可，拥有9项冰雪体育运动产品专利技术。2019年，黑龙自主研发制造的首批2000支冰球杆正式下线，该生产线可年产冰球杆2万支，填补了齐齐哈尔市冰球杆生产制造的空白。①

在 2022 年北京举办冬奥会、"3 亿人参与冰雪运动"的历史契机下，"黑龙"正沿着"品牌第一、质量第一、市场第一、规模第一"的目标"滑"向世界，扬帆起航。

四　黑龙江省冰球运动发展的总结和思考

第一，竞技成绩和群众基础并重。黑龙江省冰球运动的发展历程充分证明了体育运动的发展得益于两个方面，即良好的赛场表现和优异的竞技成绩，通过示范效应与明星效应，从而有效带动更多的人参与运动，扩大群众基础。广泛的群众基础从多个方面确保了冰球运动发展的可持续性。其一，运动的参与感和成就感可以促使家长鼓励和支持儿童参与冰球运动，为竞技冰球运动的人才选拔和梯队建设提供更大的人才蓄水池。其二，市场化运行机制为离队或退役的运动员提供更多二次就业机会，延长运动员的竞技周期和技术周期，鼓励更多人才走专业运动员之路，从而形成良性循环。其三，群众的广泛参与为赛场上的运动员带来更强烈的荣誉感，更加斗志昂扬，从而取得更好的竞技成绩。

第二，抓住政策红利乘势而为。国家政策体系对现代体育运动的发展起着至关重要的作用。自 2015 年北京成功申办 2022 年冬奥会以来，一系列与冰雪运动有关的政策文件迅速出台，不断释放政

---

① 《"黑龙"一个民族品牌的凤凰涅槃——齐齐哈尔"黑龙冰刀"冰雪装备制造业纪实》，腾讯网，2019 年 6 月 19 日，https：//xw. qq. com/cmsid/20190619A0E1WW00？f＝newdc。

策红利，黑龙江冰球运动也再次焕发活力。展望未来，冰球运动发展有赖于顶层设计的可持续性，完善从中央到地方的支持政策，提高冰球运动发展的软实力。

第三，建立良好的赛事制度体系和运动员培养机制。赛场比拼是提高运动训练水平的杠杆和手段，也是提高运动员专业技能、实现后备人才迅速成长的最好方法，而缺乏赛场实战是阻碍黑龙江省乃至中国冰球运动发展的重要原因。冰球运动是冬季运动项目中唯一的团体球类竞技项目，从队伍组建、队员磨合到队伍整体素质的提高都需要训练和赛事的反复磨砺。确保冰球运动队始终处于较高竞技水平的根本途径在于建立不同年龄阶段的冰球赛事体系，以不断挖掘可塑之才。与其他省份相比，黑龙江省在冰球赛事的举办方面走在了全国前列，但赛事的数量和举办频率有待于进一步提高。同时，校园冰球运动中"学"和"训"之间的矛盾突出，要积极构建基于体育、教育和社会三位一体的人才培养体系，储备更多优秀的冰球运动人才。积极探索创新，在冰场的基础设施建设和冰球运动培训学校等各个领域引入社会资源和社会资本，让资源顺畅流转，发挥最大使用价值。

第四，建立有效的保障体系和激励机制。运动员保障体系是衡量一个国家体育事业发展水平的重要指标之一。针对冰球运动，也应建立完善的职业运动员社会保障体系，充分发挥政策的保障功能，为职业运动人员解除后顾之忧。运动员的"训"和"学"的矛盾是各梯队人才培养最突出的问题之一，优秀的运动员不但要学习技术，也要懂理论。如何协调好训练、医疗、升学、就业等环节，亟须政府方面发挥作用，搭建一条坚实的人才输送阶梯。另外，还要积极发挥市场作用，对各类冰球运动员做出积极、正面的激励，引导不同层次和类型的资源投入冰球运动发展。

同时，积极打通国内和国际的交流渠道，与冰球运动强国保持深入合作，通过引入高水平教练、高素质运动员、高成效科研团队，构建科学的冰球运动体系，实现人才培养的"高端化、贯通化、国际化和协同化"[1]。

---

[1] 张娅姗、张良祥、张海泉：《黑龙江省冰球后备人才发展的瓶颈与破解对策》，《冰雪运动》2018 年第 5 期。

B.6
职业冰球俱乐部运营与管理分析

—— 以北京昆仑鸿星冰球俱乐部为例

宋赫民*

摘　要： 2022 年北京冬奥会和一系列冰雪运动利好政策的出台给中国冰雪运动带来了难得的发展机遇。作为中国第一家加入世界顶级冰球联赛的俱乐部，昆仑鸿星开创了中国冰球运动步入职业赛道的先河。昆仑鸿星创建了独具特色的"五位一体"运营模式，融合外部引援与内部培养，打造国家队人才培养"PPP"模式，全力加强冰场建设，依托品牌开展赞助合作，营造冰球文化氛围，激发大众的参与热情。昆仑鸿星也面临服务体系不完善、管理团队文化价值观差异较大以及缺少政策扶持等问题。本文通过梳理与分析昆仑鸿星冰球俱乐部运营现状，以期为中国冰球俱乐部和冰球运动的发展提供参考。

关键词： 冰球运动　冰球俱乐部　昆仑鸿星

---

* 宋赫民，经济学博士，北京体育大学体育商学院讲师，研究方向为体育赛事管理。

2015 年 7 月，中国赢得 2022 年第 24 届冬奥会举办权，中国冰雪运动获得了前所未有的发展契机。2019 年 3 月，中共中央办公厅、国务院办公厅印发《关于以 2022 年北京冬奥会为契机大力发展冰雪运动的意见》，为冰雪运动注入发展活力。虽然中国冰球运动起步较晚、基础薄弱、竞技水平较低，但近年来冰球运动认知度和参与度在全国范围内迅速提高，冰球俱乐部也快速发展。北京昆仑鸿星冰球俱乐部（以下简称"昆仑鸿星"）是中国首家有资格参加世界顶级冰球联赛的职业俱乐部，其"五位一体"运营模式成为当前中国冰球运动发展的样板。

一 昆仑鸿星概况

昆仑鸿星成立于 2016 年年初，由中国国际文化传播中心主管，旗下有昆仑鸿星万科龙、北体大昆仑鸿星、昆仑鸿星万科阳光等 5 家俱乐部（见表 1），曾参与国家男子冰球队、国家女子冰球队、国家男子 U20 冰球队、国家男子 U18 冰球队、国家女子 U18 冰球队的建设与培养工作。

2016 年 6 月，普京总统访问中国。在中俄两国元首的共同推动和见证下，昆仑鸿星与俄罗斯大陆冰球联盟有限公司在人民大会堂签署了《参加大陆冰球联赛授权协议》。昆仑鸿星成为中国首家获得参加世界顶级冰球联赛资格的俱乐部，这对提高中国冰球运动竞技水平和扩大中国冰球运动影响力具有重大意义，也为中俄冰雪运动交流提供了良好平台。

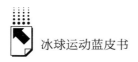

表1 昆仑鸿星旗下俱乐部概况

名称	参加联赛	主场
昆仑鸿星万科龙	大陆冰球联盟	北京
北体大昆仑鸿星	丝路冰球超级联赛	北京
昆仑鸿星奥瑞金	丝路冰球超级联赛	北京
昆仑鸿星万科阳光	加拿大女子冰球联赛	深圳
昆仑鸿星小狼冰球俱乐部	—	北京

昆仑鸿星致力于提高中国冰球运动竞技水平、增进"一带一路"国际体育交流合作，短短几年内已迅速成长为中国冰球职业俱乐部的标杆和对外窗口，在中国冰球运动对外交流中发挥着重要作用。昆仑鸿星通过在世界顶级联赛中的历练打磨，不断深化与顶级俱乐部的交流合作，借鉴世界顶级俱乐部的成功经验和做法，结合中国冰球运动发展现状，建立了适合自身发展的管理体系，包括人才管理、赛事管理、科技创新、后勤保障等。在昆仑鸿星的不断努力下，世界冰球赛场涌现了一批优秀的中国和华裔运动员，中国冰球运动得到较快发展。昆仑鸿星打造了"五位一体"发展模式：内外兼修，筑牢人才培养基础；目标引领，以"PPP"模式共建"国家俱乐部"；夯实基础，建设高质量冰场；商业开发，提高俱乐部自我造血能力；文化导向，提高大众参与热情（见图1）。

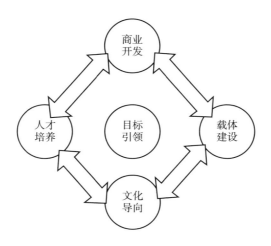

图1 昆仑鸿星"五位一体"运营模式

二 昆仑鸿星"五位一体"运营模式

（一）内外兼修，筑牢人才培养基础

1. 强化引援模式，输送新鲜血液

为积极备战大陆冰球联赛，在国内缺乏冰球人才的情况下，昆仑鸿星投入大量资金引进高水平外籍教练团队和外援，以提高俱乐部整体实力。俱乐部首先引进俄罗斯名帅小尤金诺夫担任球队主教练，他带来了先进的训练理念和管理技能，高水平教练团队初步形成。随后，俱乐部招募了来自俄罗斯、捷克、芬兰等国家的优秀外援，同时吸引来自哈尔滨、齐齐哈尔的国内高水平专业球员，短期内极大地提高了球队的综合实力。

经过短短两个月的筹备，昆仑鸿星成为一家有竞争力的冰球俱乐部，在比赛中取得不俗战绩。例如，2016年9月1日，在首场客

场比赛中，昆仑鸿星以 2 比 1 战胜哈巴罗夫斯克老虎队；2016 年 9 月 5 日，在北京五棵松体育馆，凭借球员强大实力和精彩发挥，球队以 6 比 3 大胜来访的符拉迪沃斯托克海军上将队，取得大陆冰球联赛首个主场胜利，进一步提高了球队的实力和自信。[①]

为强化引援模式，昆仑鸿星大力引进海外华人回国效力。2017 年 6 月，昆仑鸿星宣布新赛季签约多名北美华裔高水平球员。昆仑鸿星建立了华裔球员和国内球员的竞争机制，使球队内部形成相互激励、不断进取的良好氛围，有利于提高国内球员的竞技水平，在提高俱乐部竞争力的同时，为国家冰球队输送优秀后备人才。

2. 深耕"四步走"青训体系，增强造血能力

尽管在职业赛场取得一定成绩，但仅仅依靠外援无法真正提高中国冰球运动的水平。俱乐部清醒认识到青少年冰球教育对中国冰球运动发展的重要性。经过多方调研，昆仑鸿星决定构建俱乐部青少年培训体系。

2017 年 1 月，昆仑鸿星完成对小狼国际冰球俱乐部控股性收购。小狼国际冰球俱乐部于 2006 年成立，是一家聚焦青少年培养的冰球俱乐部。小狼国际冰球俱乐部成立之初即引入来自加拿大、俄罗斯等冰球强国的教练团队，对标国际先进培训模式和管理水平，不断提高球队竞技水平，在各项青少年冰球赛事中取得优异成绩，如 2015 年获得美国总统杯 U10 组冠军。昆仑鸿星完成控股性收购后，对基础设施、教练团队、训练体系等方面进行全流程优

---

① 更多比赛信息参见人民网"北京昆仑鸿星 KHL 联赛征战"栏目，http：//sports. people. com. cn/GB/31928/407171/index10. html#a1 。

化，小狼国际冰球俱乐部的实力进一步提高，培养了众多优秀的小球员，为昆仑鸿星的长远发展注入了新鲜血液。以此为契机，昆仑鸿星采用"四步走"模式，深耕青少年培训体系，提高自身造血能力，夯实俱乐部人才培养基础。

（1）"以赛代练"，提高运动员的竞技水平

昆仑鸿星建立青少年培训体系的第一步是开展高水平集训。昆仑鸿星构建了海外集训体系，夯实基本功、提高技战术水平与队友间的默契度、磨砺意志。昆仑鸿星十分重视本土球员的成长，旗下5支职业冰球队中，参加大陆冰球联赛的球队中有8名本土球员，参加俄罗斯冰球超级联赛的球队中有12名本土球员，两支参加加拿大女子冰球联赛的球队中，队员绝大多数来自中国国家女子冰球队。与此同时，昆仑鸿星积极搭建球队和队员与世界一流球队的对话交流、竞争与合作平台，不断完善冰球运动发展体系，以提高球员竞技水平和球队综合实力，推动中国冰球运动可持续发展。

（2）因材施教，构建散养机制

昆仑鸿星建立青少年培训体系的第二步是构建散养机制，就地培养未能参加集训的球员，做到集训制和散养制并存。在学习冰球的适龄阶段，很多家庭的孩子面临学业压力，加上国内冰球训练缺乏上升通道，导致孩子丧失接触冰球的机会。针对这一问题，昆仑鸿星采取了一系列举措：一是为家庭制定规划，充分利用俱乐部教练和球探网络向北美的青年队、高校推荐国内优秀的冰球小球员；二是通过球队三级梯队建设以及建立多伦多、波士顿青少年培训中心，充分挖掘国内冰球人才。通过构建散养机制并拓宽上升通道，让学习冰球的孩子可以兼顾冰球训练和学业。2018年8月，昆仑

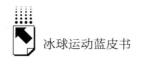

鸿星与"冰球大帝"格雷茨基达成合作，邀请格雷茨基担任昆仑鸿星全球形象大使，共建昆仑鸿星·格雷茨基冰球学校，为8岁到17岁的中国青少年冰球运动员提供良好的学习环境，帮助青少年提高冰球技术，拓宽上升通道并获取优质教育资源，推动中国青少年冰球事业发展。

（3）借鉴经验，布局高等教育

昆仑鸿星青少年培训体系的第三步是充分学习国外先进的冰球人才培养理念。除致力于提高球员的技战术水平外，昆仑鸿星还重视冰球运动员综合素质的培养，兼顾冰球专业教育和文化课教育。良好的教育能够让冰球运动员在赛场上有更成熟的心态、更好的技术发挥和更加理性的思考，从而取得更好的竞技成绩。为此，昆仑鸿星高度关注为优秀的国内和华裔球员拓宽进入藤校冰球联盟的通道。俱乐部的海外训练基地不断为球员进入哈佛大学、耶鲁大学等常春藤名校深造提供有效途径。昆仑鸿星还在国外设立球探体系，帮助在国外生活的中国孩子学习冰球。通过与世界名校合作，昆仑鸿星在打通球员上升通道的同时，也为国家培养大量冰球后备人才。

（4）搭建平台，提高培养质量

昆仑鸿星青少年培训体系的第四步是搭建赛事平台、提高培养质量。尽管昆仑鸿星旗下有多支职业俱乐部，但所培养的人才与北京冬奥会的选拔标准仍有差距。为此，昆仑鸿星积极搭建赛事平台，让球员获得更多参与比赛的机会，在比赛中磨砺意志、积累实战经验、提高竞技水平。

2017年7月，昆仑鸿星与俄罗斯冰球协会合作，将俄罗斯冰球超级联赛升级为丝路冰球超级联赛。俄罗斯冰球超级联赛的规模、影响力仅次于大陆冰球联赛，并且大多数俄罗斯冰球超级联赛的球队隶属于大陆冰球联赛俱乐部梯队，为青年球员晋级更高水平的国际赛事提供了重要平台，成为名副其实的大陆冰球联赛人才储备库。升级版的丝路冰球超级联赛，让中国冰球在亚洲拥有更多话语权、具有更大影响力。为获得丝路冰球超级联赛的参赛资格并取得优良成绩，加快培养优秀冰球运动员尤为关键。

3. 优势互补，实现互利共赢

除吸引外援提高球队实力以及搭建青少年培训体系外，为进一步提高俱乐部竞技水平，输送更多高质量后备人才，2018 年 8 月，昆仑鸿星与奥众体育达成战略合作协议，共同组建昆仑鸿星奥瑞金冰球队，并以北京奥众冰上中心为主场，参加 2018 ~ 2019 赛季丝路冰球超级联赛。2017 年，奥众体育成立伊始，就加速布局文化体育产业的步伐，积极开展国际冰球文化交流、优化整合国际冰球资源，积极探索青少年冰球教育，不断完善俱乐部发展战略。尽管 2018 ~ 2019 赛季昆仑鸿星奥瑞金冰球队战绩不佳，但国内两大俱乐部强强联手，对推动中国冰球职业化具有重要意义。

（二）目标引领，共建"国家俱乐部"

作为中国首个参加世界顶级职业冰球联赛的俱乐部，昆仑鸿星成立之初，就以推动中国冰球发展为使命，积极探索冰球人才培养"PPP 模式"，参与建立"国家俱乐部"。2017 年 3 月，昆仑鸿星与中国冰球协会就国家队共建事项达成协议，共建国家男子冰球队、国家女子冰球队、国家男子 U20 冰球队、国家男子 U18 冰球队、

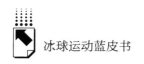

国家女子 U18 冰球队。昆仑鸿星利用自身资源和专业优势，帮助国家冰球队提高竞争力。

2017 年 5 月，中国国家冰球俱乐部在北京正式成立。国家冰球俱乐部引入人才培养"PPP 模式"，突破了传统国家队集训模式的局限。在政府部门和社会力量的通力合作下，充分发挥"以赛代练"优势，使国家队球员获得参加国际高水平赛事的机会，同时与俱乐部外援深度切磋，以提高竞技水平和球队的综合实力。这种模式的优势在于以高质量备战冬奥为目标，把以俱乐部为代表的社会资源整合起来，解决了国家队赛事少、赛事单一问题。2017 年 6 月，昆仑鸿星宣布组建深圳昆仑鸿星女子冰球队和万科阳光女子冰球队。两支球队按照人才培养"PPP"模式组建、运营，昆仑鸿星承担赛训任务。作为"PPP"模式的尝试，深圳昆仑鸿星女子冰球队表现优异，证明了该模式的可行性。

昆仑鸿星努力提高俱乐部管理水平，组建高水平国际专家团队，为昆仑鸿星和国家冰球队提供高水平服务保障。此外，昆仑鸿星在多伦多和波士顿分别建立了国家男子 U18 冰球队、国家女子 U18 冰球队海外训练基地；与加拿大国际学校合作建立 U16 青少年梯队，加强对外交流与合作。其中，U18 男子青年队参加北美东部青少年冰球联赛（Eastern Junior Hockey League，EJHL），U18 女子青年队参加美国女子青年联赛（Junior Women's Hockey League，JWHL）。

（三）夯实基础，建设高质量冰场

昆仑鸿星自成立伊始就着手推进冰球场馆的选址、改造及建设工作。加入大陆冰球联赛后，为让中国观众零距离体验顶级职业冰球赛事，推动冰球运动在中国的普及，昆仑鸿星将首个主场设在五棵松体育馆。然而，五棵松体育馆没有承办冰球比赛的经验，缺乏冰球比赛所需的设备和条件，制冰设备、板墙、监门系统等都需要重新搭建。昆仑鸿星耗费大量资金攻克技术难关，将五棵松体育馆打造成符合大陆冰球联赛标准的高规格冰场。另一座主场上海飞扬冰上运动中心虽然具备承办冰球比赛的条件，但不符合大陆冰球联赛的场地标准，昆仑鸿星对场馆进行了全流程改造、包装和维护。深圳大运中心作为女子冰球队的主场，曾经是 2011 年世界大学生运动会主场馆和 CBA 深圳队的主场。深圳大运中心早前未举办过冰球比赛，并且深圳气温较高，对维持较低的场馆温度提出挑战。场馆改造完成后，昆仑鸿星女子冰球队和万科阳光女子冰球队顺利入驻。深圳大运中心完成了从篮球场到冰球场的无缝衔接，极大地提高了场馆的使用效率，给球迷带来了丰富的冰球体验，"北冰南展"渐显成效。

（四）依托品牌，开展赞助合作

冰球俱乐部运营成本较高，昆仑鸿星依托顶级职业赛事和共建国家队塑造的良好品牌效应，大力开展赞助合作，提高了自我造血能力。

在赞助体系方面，昆仑鸿星构建了由冠名赞助商、官方主赞助商、官方合作伙伴、供应商组成的完整的赞助体系，并成立北京昆仑鸿星互动娱乐科技有限公司，专门进行赛事开发与赞助合作。在冠名赞助商方面，自俱乐部成立之初便与万科签署了冠名赞助商合作协议。2017 年 9 月，加多宝集团旗下昆仑山雪山矿泉水与昆仑

鸿星达成 5 年合作协议，成为昆仑鸿星在北京、深圳以及小狼国际冰球俱乐部的白金赞助商。同时，昆仑山雪山矿泉水也成为国家男子冰球队、国家女子冰球队、国家男子 U20 冰球队和国家男子 U18 冰球队以及国家女子 U18 冰球队的官方合作伙伴，为国家队提供健康饮用水。此外，冰球装备品牌 CCM、运动饮料百淬、咪咕视频也成为昆仑鸿星官方指定供应商。为保障赞助商权益，昆仑鸿星高度重视赞助商在体育展示方面的诉求，在运动员的球衣、主场冰面和场边围挡醒目地展示赞助商的品牌。例如，昆仑鸿星球员的球衣两肩都有"昆仑山矿泉水"字样。

此外，昆仑鸿星积极与转播方合作，加强赛事开发。在主场赛事信号制作方面，昆仑鸿星与环宇体育深度合作，由后者负责昆仑鸿星主场比赛转播信号的制作、推送和分发。网络转播方面，包括腾讯体育、人民体育、PPTV 以及央视体育赛事频道（CCTV‒5＋）有计划地转播昆仑鸿星的赛事。除外部转播平台外，昆仑鸿星积极打造自己的 App 直播平台，直播国家队在海外的比赛。

（五）营建文化氛围，激发大众参与热情

提高冰球运动参与度的关键在于普及冰球文化、激发大众的参与热情。因此，昆仑鸿星积极宣传和推广赛事，为冰球文化氛围的营建奠定基础。例如，为做好上海主场的赛事宣传，昆仑鸿星在比赛前两天就通过上海地铁官方 App 等向大众宣传昆仑鸿星 4 个主场的赛事安排和有关情况；昆仑鸿星与巴士在线达成合作，在首场主场比赛前，在国内一线、二线城市公交车内播放球队宣传视频，提高赛事曝光率。此外，为增强视觉效果，昆仑鸿星与视觉中国合

作，由视觉中国负责俱乐部的主题策划、官方摄影、球队写真、全球媒体传播、视觉衍生品设计等工作，打造专业的视觉形象，吸引大众观赛。

冰球运动普及推广的着力点在校园。2019 年 9 月，在中国冰球协会和北京体育大学的大力支持下，昆仑鸿星与北京体育大学共同组建北体大昆仑鸿星（KRS-BSU）冰球队，参加 2019～2020 赛季丝路冰球超级联赛。同时，为促进冰球运动在大学校园的传播与发展，昆仑鸿星将北京体育大学冰上运动中心作为北体大昆仑鸿星的主场。学生不仅可以亲临比赛现场观看高水平冰球赛事，更好地了解冰球文化，而且相关专业学生有机会参加赛事的管理，推动国内冰球管理理论与实践的融合。

在小学校园，昆仑鸿星通过举办冰球明星进校园活动，积极宣传冰球文化，促进冰球运动在青少年中的普及。昆仑鸿星球员多次走进北京市小学校园，与小学生现场交流互动，通过冰球运动体验课，让更多孩子认识冰球运动、体验冰球运动，并喜爱冰球运动。为了让冰球文化在小学校园落地生根，昆仑鸿星于 2019 年 1 月正式成立"昆仑鸿星少年队"，成为中国唯一的大陆冰球联赛体系下的少年冰球队。昆仑鸿星少年队拥有较强实力并参加俄气石油杯大陆冰球联赛国际青少年锦标赛。昆仑鸿星为这支少年队提供优质的软硬件条件，采用先进的训练理念和方法，将少年队打造成一支精英式少年冰球队。在备战大陆冰球联赛国际青少年锦标赛的同时，昆仑鸿星为少年队提供专业冰球运动员高标准训练机会。除此之外，昆仑鸿星还为少年队提供藤校冰球联盟、冰球共建学校等全球优质冰球教育资源，拓宽运动员的上升渠道。

三 昆仑鸿星面临的挑战

（一）服务保障体系不完善

昆仑鸿星在大陆冰球联赛站稳脚跟并发展壮大，为中国冰球职业俱乐部参与国际顶级赛事提供了丰富经验。然而，昆仑鸿星也面临一些问题和挑战。首先，场馆资源严重短缺。国内冰球场馆数量少、质量标准低，无法满足顶级赛事要求，而对场馆的改造又需要耗费大量资金，给昆仑鸿星的管理和运营带来极大挑战。因此，大力推进满足赛事要求的高标准场馆建设势在必行。其次，科技手段在提高球队的竞技水平方面扮演重要角色。自 2019～2020 赛季开始，大陆冰球联赛在所有球场引入运动远程通信系统，获取球员的赛场技术数据。然而，国内冰球赛场仍缺乏分析比赛实时数据的软硬件设施，教练团队技战术分析等工作也缺乏高科技支撑，这极大地影响了球队技战术水平的发挥。

（二）文化价值观差异较大

对冰球运动而言，俱乐部管理涉及器械保养、冰场修建、球员理疗以及心理辅导等多个方面，这对团队的管理能力提出较高要求。经过近几年的发展，昆仑鸿星引进了多位世界著名教练、管理人员参与俱乐部运营与管理，同时从国内高校引进人才参与俱乐部的管理工作。然而，由于文化背景不同，管理团队内部成员间存在较大的文化差异，导致内部沟通出现一定障碍，影响了工作效率和团队目标的实现。

（三）政策扶持力度不足

发展冰球运动的根本在于激发社会参与热情，实现大众广泛参与。然而，目前冰球运动在国内的普及度和家庭消费倾向均处于较低水平。一直以来，中国大多数家庭更加重视孩子的文化课学习，对孩子体育技能培养的重视程度不够。因此，国家和政府层面应持续出台相关政策，促进体育教育和文化教育的均衡发展，尤其是加大对冰雪运动的政策扶持力度，改变家长不重视体育教育的现状，为更多孩子参与冰球运动提供保障。例如，可以制定与其他运动项目类似的高考政策，鼓励家长让孩子参与冰球运动。另外，由于冰球俱乐部运营成本较高，政府部门应出台优惠财政税收政策，帮助俱乐部降低运营成本，更好地发挥俱乐部的积极性，进而推动中国冰球运动高质量发展。

B.7
青少年冰球俱乐部运营体系分析

—— 以华星辉煌为例

宋赫民*

摘　要： 2022 年北京冬奥会和冰雪运动利好政策的相继出台为中国冰球运动发展带来了前所未有的机遇，也打开了青少年冰球培训市场。华星辉煌体育管理有限公司是一家综合性体育集团，致力于青少年冰上运动培训，构建了"四位一体"运营体系，包括培训教育、赛事运营、科技服务以及场馆设施，助力中国冰球运动健康、有序发展。然而，在发展过程中，华星辉煌也面临运营成本过高、场馆用地资源紧张以及缺乏赛事平台支撑等挑战。华星辉煌可通过提高冰球俱乐部运营能力、异地复制能力以及搭建冰球赛事平台实现高质量、可持续发展。

关键词： 冰球运动　冰球俱乐部　青少年冰球培训

　　近年来，国家大力支持冰雪运动发展，出台了一系列相关政

---

* 宋赫民，经济学博士，北京体育大学体育商学院讲师，研究方向为体育赛事管理。

策。2014 年 10 月，国务院印发《关于加快发展体育产业促进体育消费的若干意见》，提出以冰雪运动等特色项目为突破口，促进健身休闲项目的普及和发展；制定冰雪运动规划，引导社会力量积极参与建设一批冰雪运动场地，促进冰雪运动繁荣发展，形成新的体育消费热点。2015 年，北京成功获得 2022 年冬奥会举办权，为冰雪运动的繁荣发展带来重要契机。2016 年，国家发展改革委、国家体育总局等 4 部门联合印发《冰雪运动发展规划（2016—2025 年)》，提出加快发展社会关注度高、市场空间大的冰球、花样滑冰、高山滑雪等项目。2019 年，中共中央办公厅、国务院办公厅印发的《关于以 2022 年北京冬奥会为契机大力发展冰雪运动的意见》提出："深入实施冰雪运动'南展西扩东进'战略，推动冰雪运动向四季拓展，努力实现带动 3 亿人参与冰雪运动的目标"，给冰雪产业发展创造新的机遇。冰球运动是冰雪运动中唯一的集体球类项目，以其独有的推广优势、观赏性和商业价值备受关注。近年来，在国家政策的支持下，冰球运动普及率有了较大提高，青少年培训业务快速展开，北京、上海、深圳、天津、武汉、郑州、成都等地纷纷建立青少年冰球俱乐部。华星辉煌体育管理有限公司（以下简称"华星辉煌"）是一家致力于冰上运动普及和培训的综合性体育集团，积极响应"带动 3 亿人参与冰雪运动"的号召，助力中国冰球运动可持续发展。

一　华星辉煌发展概况

华星辉煌于 2015 年在北京成立，业务涵盖场馆投资运营、俱乐部孵化管理、赛事组织开发、冰雪器材装备开发与经营等全产业链领域，致力于打造4~16岁青少年培养体系，形成冰球、花样滑冰、短道速滑、冰壶等运动项目的全面布局。2015年3月，华星辉煌成立旗下第一支青少年冰球俱乐部——"虎仔冰球俱乐部"。随后至2017年，华星辉煌陆续组建或合作运营一系列青少年冰球和花样滑冰、短道速滑俱乐部，如雪豹冰球俱乐部、银河精英冰球俱乐部、城南兄弟冰球俱乐部、星际勇士冰球俱乐部、动力小子冰球俱乐部、冰焰冰球俱乐部、冰舞领秀俱乐部、冰雪短道速滑俱乐部、冰盾守门员冰球俱乐部等（见表1）。华星辉煌旗下俱乐部陆续参加"龙湖杯"全国青少年冰球邀请赛、俄罗斯"友谊杯"国际青少年冰球邀请赛、"华星杯"东亚青少年冰球邀请赛、"CCM杯"北京国际青少年冰球邀请赛、第9届与第10届北京市青少年冰球俱乐部联赛、2018年"贺岁杯"全国青少年冰球邀请赛等国家级、国际级赛事，均取得优异成绩。

表1　华星辉煌旗下青少年冰球俱乐部

乐部名称	成立时间	主场
虎仔冰球俱乐部	2015年4月	华星冰上运动中心（西三旗馆）
冰焰冰球俱乐部	2015年8月	华星国际冰上运动中心（二号馆）
雪豹冰球俱乐部	2004年创建,2016年并入	华星冰上运动中心（阜石路馆）
城南兄弟冰球俱乐部	2016年7月	华星冰上运动中心（博大路馆）
星际勇士冰球俱乐部	2016年9月	华星冰上运动中心（阜石路馆）
银河精英冰球俱乐部	2013年成立,2016年并入	华星国际冰上运动中心（黄港馆）
动力小子冰球俱乐部	2009年成立,2016年并入	华星冰上运动中心（博大路馆）
冰盾守门员冰球俱乐部	2017年7月	华星冰上运动中心（沙河馆）

　　为更好地普及冰上运动、为俱乐部的训练和比赛提供服务，2015 年 6 月 1 日，华星辉煌建成国内第一座冰上运动中心——华星冰上运动中心（西三旗馆）。2016～2017 年，北京沙河馆、北京黄港馆、北京博大路馆、上海馆、北京阜石路馆、天津馆、齐齐哈尔二号馆等场馆陆续建成并投入使用。华星辉煌以优质的硬件条件为支撑，满足冰上运动爱好者对冰球、花样滑冰、短道速滑、冰壶等多个项目的专业化训练需求。面对国内冰上运动人才匮乏的局面，2016 年华星集团①组建华星学院。华星学院是国内首家以冰上运动为核心的职业培训学校，旨在培养专业冰上人才，让更多青少年参与冰上运动，接受更专业的冰球、花样滑冰、短道速滑、冰壶等冰上运动训练，夯实中国冰上运动人才基础，促进中国冰上运动的健康、蓬勃发展。同时，华星辉煌从俄罗斯、加拿大、芬兰等冰上运动强国邀请诸多高水平教练。教练团队坚持因材施教，根据每一位球员的实际情况，有针对性地为学员制订科学的培养发展计划。

　　近两年来，华星辉煌主办或承办了一系列国家级和国际级青少年冰球赛事。例如，以促进冰球区域发展为目的的"奥运城市杯"北京国际青少年冰球邀请赛；以促进国际赛事交流为目的的东亚青少年冰球邀请赛；以提高中国冰球国际形象、促进国际冰球交流为目的的"CCM 杯"北京国际青少年冰球邀请赛；以加强国内冰球俱乐部交流为目的的"贺岁杯"全国青少年冰球邀请赛。此外，作为"百万青少年上冰雪"公益活动以及中国冰球协会"十百千万"工程的实施单位，华星辉煌通过"青少年冰雪运动发展专项

---

① 华星辉煌体育管理有限公司隶属于华星集团。

基金"帮助更多中国孩子走上冰场，享受冰上运动带来的乐趣。经过近几年的努力，华星辉煌逐渐形成了"四位一体"的运营体系，为中国冰球运动贡献力量。

二　华星辉煌"四位一体"运营体系

（一）构建优良的培训教育体系

1. 重视青少年人才培养

华星辉煌专注于青少年冰上运动教育，以打造专业少儿冰球队为目标；以弘扬冰上运动文化为己任，大力培养青少年冰球人才，积极加强人才储备；以增强少儿体魄、促进少儿体智全面发展为目标，推动中国青少年冰上运动可持续发展。

（1）开展定制化培训，确保培训质量

为提高大众尤其是青少年对冰球运动的认知度、参与度和满意度，华星辉煌定期举办冰球运动体验活动，积极开发冰球培训市场。依托旗下冰球俱乐部，华星辉煌针对不同年龄段的青少年开展定制化培训，以良性、合理的训练指导方式，确保每位学员以最佳状态完成各类训练和选拔。俱乐部高度重视教学质量，对所有教练严格要求、统一行为规范，确保所有大课均有规范可行的教学计划，实现因材施教。为提高培训质量和客户满意度，俱乐部提供优质的硬件条件和训练环境，如安装国际先进的新风系统，保证冰面质量及空气质量。俱乐部建成陆训体能馆，配置国际先进的设备器材等硬件设施，引进适合青少年的先进训练体系，以更好地激活身体各系统，增强身体素质，让学员获得高质量的体能训练。

华星辉煌与多家幼儿园、小学及中学合作，让更多学生体验并参与冰上体育课，并开展校队训练等各类活动，推动城市冰上运动进校园。2015 年以来，华星辉煌先后与北京、齐齐哈尔、牡丹江、石家庄、沈阳、烟台等地方政府达成多项战略协议，在冰雪进校园、冰上项目场馆建设等方面加强合作，接受委托开展培训服务，并提供教练配套设施，打造专业冰球校队。与此同时，华星辉煌还邀请合作学校的冰球队员参加旗下青少年冰球赛事，以赛代练，提高培训服务质量。

（2）加强训练营建设，激发青少年的参与热情

为了让学员充分体验冰上运动的乐趣、激发学员身体潜能、提高其对冰球运动的热爱，华星辉煌以"ICESTAR CAMP"为主题，举办了一系列"冰上训练＋能力开发"冰球训练营，通过课程培训和参加比赛，学员可以激发潜能、磨炼意志、增强团队意识，并提高综合素质。2018 年 2 月，华星温哥华加人冬季训练营和捷克冬奥训练营先后开营。在温哥华，学员与当地同年龄组球队开展练习赛并参加加人杯正式邀请赛，让孩子在接受专业训练的同时加强与国际球员的沟通交流。除冰球训练和比赛外，训练营还组织了趣味团体活动和交流活动，营造国际化的训练游学氛围。在捷克，超甲联冰球俱乐部维科特维采的青少年培训教练为学员提供高标准的专业指导，学员接受特色射门训练、守门员专项训练、滑行专项训练等一系列专业化训练，不仅提高了学员的冰球专业技能，也极大地激发了学员对冰球运动的热情。

（3）引入 MVP 选秀制度

为拓宽学员上升通道，华星辉煌引进 MVP（最有价值球员）选秀制度，这是华星辉煌旗下冰球俱乐部蓬勃发展的催化剂。MVP 选拔需要经过严格的技能测试、小型对抗赛测试。技能测试着重观察球员的滑冰、射门、传球、防守、进攻和球感，评估其基本技能；对抗赛测试着重评估球员的冰球掌控能力和球感等综合素质。MVP 选秀是北美地区很多青少年项目采用的选拔形式，华星辉煌旗下虎仔冰球俱乐部是国内首家引进该制度的冰球俱乐部，目前 MVP 选秀制度已在华星辉煌旗下所有俱乐部得到推广运用。该制度为热爱冰球的小球员提供更优越的训练和比赛平台，打通国际对话渠道，搭建经得起国际检验的成长梯队。经 MVP 选秀制度选拔出来的佼佼者组成各年龄组主力，获得全方位师资、训练条件、国内外比赛机会及经费支持，有效带动了更多青少年参与冰上运动。华星辉煌还为全部 MVP 球员免费更换全套顶级护具，为小球员们提供更好的保护，确保他们更好地发挥技战术水平。

2. 加大专业人才培训力度

依托多层次冰上运动场馆体系、冰上赛事管理运营能力、专业机构及众多合作院校资源，华星学院致力于制订冰雪行业标准、构建冰雪青少年培训体系、获取专科和本科学历教育及国际冰雪专业资质，逐渐成为国内冰雪产业人才培养基地。

华星学院秉承国际化办学理念，利用完备的教学训练设施体系和国际教练师资团队，为备战 2022 年冬奥会提供人才保障。目前，华星学院已在北京沙河、上海松江、河北石家庄建成了 3 家分院，预计到 2025 年形成覆盖全国主要城市和国际主要冰雪强国的分院网络。短短几年时间，华星学院已迅速发展为国内冰上运动培训与职业教育的"旗帜"和"窗口"。

华星学院组建了由国内外高水平教练组成的冰雪运动教育师资团队，构建包含运动技能知识、理论知识、技战术知识等在内的科学和完备的课程体系。在国内，华星学院与中国冰球协会及齐齐哈尔、佳木斯、哈尔滨等城市加强合作，打造了一支具有竞争力的百人教练团队；在国外，与俄罗斯、加拿大、芬兰、瑞典等国的冰球协会加强战略合作，聘请优秀的专业教练，共建教练培训系统。华星学院坚持"应用为先，德才兼备，限额选才"原则，根据学员的实际情况，制订科学的培养发展计划。邀请合作院校教授参与教材编制，开展包括市场营销在内的课程教学以及军事训练、拓展训练等辅助课程教学。为拓宽学员职业发展方向，华星学院以培养应用型、专业型、外向型冰雪运动行业人才为目标。进入联合办学的学生可以在合作院校建立学籍，获得合作院校相应的中专、大专、本科、研究生学历。同时，根据冰雪运动教育课程的完成情况和考试情况获得华星集团教练员证书、冰球运动教练员证书、裁判员证书。此外，学生可选择冰雪专业资格认证上升通道，通过进修可获得冰球运动高级别教练员、裁判员证书，并有机会获得国际裁判员资格证书。

（二）引入顶级赛事运营体系

1. 依托俱乐部，提高冰球运动竞技水平

华星辉煌拥有专业的青少年冰球培训体系，旗下冰球俱乐部覆盖各年龄段，连续多年获得各级联赛冠军。例如，在 2018 ~

2019 年北京市青少年冰球俱乐部联赛上，华星辉煌各支球队均取得优异成绩，华星国际 10 队、华星国际 08 队、华星雪豹 04 队斩获四个组别中的 3 项冠军。2019 年 8 月，"双奥杯"北京国际青少年冰球邀请赛 U12 组、U10 组完美落幕，华星辉煌旗下银河精英捕鲸者队、华星国际 07 队分别夺得冠军。

2. 构建四级联赛体系，提高品牌价值

华星辉煌依托专业的场馆设施与先进的运作模式，成功筹办了多项冰上赛事，打造四级联赛体系，即北京区域赛事、"贺岁杯"、洲际赛事以及国际邀请赛。其中，北京区域赛事主要包括北京市青少年冰球俱乐部联赛和"城市杯"青少年冰球邀请赛。2016 年 12 月，华星辉煌参与协办 2017 年"城市杯"青少年冰球邀请赛，来自北京、上海、天津、哈尔滨、齐齐哈尔的 20 支优秀青少年冰球代表队逾 300 名运动员参赛。大部分参赛队伍多次在国内外青少年冰球赛事中斩获冠军。2016 年，华星辉煌携手冰球护具品牌 CCM 成功举办"CCM 杯"北京国际青少年冰球邀请赛。华星辉煌致力于把本项赛事打造成国际青少年冰球交流的平台，给中国球队提供更多与国际高水平球队交手的机会，以提高中国球队的竞技水平。至 2018 年，"CCM 杯"已成功举办 3 届，国外高水平参赛队伍逐年增加，为青少年冰球运动员和队伍提供了国际化、高水平的交流平台，也给华星辉煌带来了巨大的"明星效应"。

（三）打造先进的科技服务体系

基于强大的资金优势、运营能力与办赛经验，华星集团子公司北京华星云睿科技有限公司（以下简称"华星云睿"）研发了"冰睿"系统，实现冰球运动科技革新，助力俱乐部的长远发展。从2015年开始，华星云睿投资数千万元，建立了中国首个冰球运动智能硬件和运动大数据实验室——"冰睿"智能冰球系统实验室。华星云睿邀请众多国内外著名冰球领域专家共同开发，广泛听取冰球运动员和学员家长的意见，最终形成一套符合当前冰球运动发展现状的解决方案。经过3年封闭式研发，2018年形成包含智能硬件、运动大数据服务平台、运动大数据监控系统以及适应平板电脑、手机等各种终端系统的完整产品闭环。在智能场馆环境中，运动员佩戴智能头盔和智能臂带等高科技装备，智能装备将采集到的运动员位置、心率、动作、体感等原始数据传送到运动大数据服务平台，经过数据清洗、机器深度学习、人工智能算法等综合计算、深度分析后，再进行数据融合，最后生成运动负荷、耗氧量、控球时间、传接球关系、射门热区等一系列体能和技战术数据。目前，国内8家青少年冰球俱乐部、117支球队、36所冰球特色学校应用了"冰睿"智慧冰球解决方案，与国家冰球队的合作也进入最后的测试阶段。

（四）完善场馆保障体系

为保障冰球俱乐部训练和承办相关赛事，华星辉煌积极加强场馆保障体系建设，完善场馆配套设施。以华星冰上运动中心黄港馆为例，为确保冰面温度恒定在 -4℃，场馆湿度维持在30%，华星辉煌引进先进的制冷和清冰系统、配备全新的除湿系统。目前，仅在北京地区，华星辉煌就有5个专业冰球场馆、8块专业冰球训练

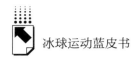

场地，除满足俱乐部日常训练需求和承办赛事外，场馆还承担国家集训队保障任务。华星辉煌沙河训练基地长期以来作为国家集训队的训练保障基地，为国家集训队提供从日常训练到饮食、住宿的高标准保障工作，确保国家集训队高质量完成奥运备战任务。2018年9月，国家体育总局印发《2018年全国优选体育产业项目名录》，华星冰上运动中心（沙河馆、黄港馆、天津馆）入选全国优选体育产业项目。①

三　华星辉煌面临的挑战

华星辉煌在发展过程中也面临一些挑战，制约了俱乐部的发展。

（一）教练成本占比过高，冰场亏损压力大

"国内大多数专业冰场都面临着教练成本占比过高的问题，目前，我国冰球教练的工资和提成占冰场总收入的50%左右，而正常情况下，这一比例在35%以下，冰场才能实现盈利。冰球教练的供不应求是导致冰场向教练支付高工资的主要原因，如果冰场无法提供具有吸引力的待遇，冰场将难以聘请到优秀的冰球教练。"②华星辉煌同样面临教练工资成本过高的困境，这已成为制约华星

---

① 《本育总局办公厅、中国工商银行办公室、中国农业银行办公室、中国银行办公室、中国建设银行办公室关于印发 2018 年全国优选体育产业项目名录的通知》，国家体育总局，2018 年 7 月 19 日，http：//www. sport. gov. cn/n316/n336/c866510/content. html。
② 《中国冰球的火爆与虚旺》，《中国青年报》2019 年 1 月 22 日。

辉煌发展的瓶颈，而冰场亏损势必对教练和青少年冰球培训产生不利影响。为此，华星辉煌实施营收改革，尝试在不降低冰球教练收入的前提下，通过增加冰球教练工作时间，提高冰球教练劳动效率，降低冰场运营成本。目前，华星辉煌在北京已有两家冰场实行营收改革，其中一家冰场的改革已初现成效，教练工资成本占冰场总收入的比例已由70%以上降到36%，为冰场业务的良性发展奠定基础。[①]

（二）场馆用地资源紧张，考验异地复制能力

根据2012年实行的《城市用地分类与规划建设用地标准》（GB50137—2011），城市建设用地分类中，只有规划用地性质为体育用地（A4）类的地块可用于建设体育场馆设施。以北京市为例，根据当前城市规划发展要求，可用于建设体育场馆设施的体育用地不足，体育场馆及设施供应量不能满足周边居民不断增长的体育健身需求，并且制约社会资本参与体育场馆的投资。为解决这一问题，华星辉煌依托强大的运营能力，通过异地复制，逐渐摆脱这一困境。2017年9月，华星辉煌在天津建立了第一家冰球比赛标准场地——华星冰上运动中心（天津馆）；2017年底，华星冰上运动中心齐齐哈尔冰场投入使用；2018年7月，华星冰上运动中心（沈阳满融馆）在沈阳市和平区全民健身中心正式运营。

---

① 《中国冰球的火爆与虚旺》，《中国青年报》2019年1月22日。

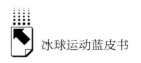

（三）缺乏冰球赛事平台支撑，竞技水平难以有效提高

在中国获得 2022 年冬奥会主办权以前，冰球运动在中国的认知度和普及度处于较低水平，职业冰球运动员数量较少，并且为数不多的专业冰球队多分布于哈尔滨、齐齐哈尔、佳木斯等东北城市，中国还不具备举办大规模国家级冰球赛事的条件。成功获得冬奥会主办权后，中国冰球运动步入较快发展时期，但由于基础较为薄弱，除全国冰球锦标赛、中国冰球联赛外，中国大规模或区域性冰球赛事仍然较少。由于缺乏高水平赛事交流和历练，冰球运动员的竞技水平难以有效提高。虽然华星辉煌在俱乐部层面帮助球队获取一定比赛资源，球队的实力逐年提高，但因缺少大型冰球赛事平台支持，比赛强度和密度远远不能满足提高竞技水平和认知度的需求，也对华星辉煌的运营体系提出巨大挑战。

四　华星辉煌实现高质量发展的途径

（一）提高冰球俱乐部的运营能力

尽管冰球教练的供不应求是导致俱乐部议价能力较低的主要原因，任实现俱乐部高质量发展的根本途径在于提高冰球俱乐部的整体运营能力。一是在俱乐部内部，可通过提高教练工作效率、积极营销增加收入，通过提供优质服务、塑造良好品牌形象等措施实现俱乐部增收节支，不断提高造血能力，实现俱乐部的良性发展。二是在俱乐部外部，华星辉煌可以参考和学习国家冰球联盟、美国职业篮球联赛等的运营机制，依托市场化运营方式，充分整合包括融资机构、媒体、赞助商、行业协会、球迷等诸多主体在内的各种资源，优化各主体间关系，建立健康、良性、互动、可持续的协商决策和利益分配机制，实现主体间相互依存、相互促进的良性发展机制，最终实现各主体互利共赢和可持续发展的目标。

（二）创新思路，破解用地资源紧张难题

根据现有政策，政府部门允许并支持冰球俱乐部以"体育＋"方式实现多元化、立体化发展。华星辉煌应创新发展思路，在符合政策要求的前提下，以捆绑方式获得体育公益性建设用地及其周边经营性建设用地的土地使用权，支持俱乐部投资建设和运营一体化发展，不仅可以破解俱乐部用地资源紧张的难题，而且可以抓住机遇，选择适度规模和形式的"体育＋教育""体育＋医养""体育＋旅游""体育＋会议会展""体育＋人才培训"等，发展多元化和立体化的体育场馆产业生态，创造产业新动能，不断培育新增长点，增强俱乐部发展活力。

（三）积极搭建冰球赛事平台

冰球赛事是冰球产业的核心，能够带来较大的社会效益并创造巨大的商业价值。随着北京冬奥会日益临近，人们对冰雪运动的热情越发高涨，冰雪产业发展迎来黄金机遇期。在这种背景下，无论是政府层面还是以华星辉煌为代表的俱乐部都积极参与搭建多层级冰球联赛，营造冰球文化氛围、推动冰球运动健康发展。华星辉煌要充分参与日益完备的多层级赛事体系建设，通过赛事交流，提高

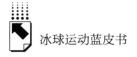

旗下学员的竞技水平，同时寻求在高层次赛事体系中提高品牌价值的机会。因此，华星辉煌可以依托冰球协会等机构，与国外相关冰球联赛合作，共同打造中国本土冰球赛事平台，推动中国青少年冰球运动可持续发展。

借 鉴 篇

Reference Report

B.8
芬兰的冰球发展体系分析
及对中国的启示[*]

庞念亮^{**}

摘　要： 冰球运动是冬季奥林匹克运动会上唯一的同场对抗集体球类项目，也是观赏性强、职业化程度最高的冬季运动。芬兰是冰球强国，本文通过深度访谈，系统研究了芬兰冰球的国家队体系、俱乐部与赛事体系、青少年培

　　* 感谢芬兰资深冰球教练、前中国国家男子 U18 冰球队主教练 Aki Mykkänen 先生，以及资深冰球教练、芬兰罗瓦涅米的 Roki 冰球俱乐部训练总监 Mika Juhani 先生接受访谈，并提供大量宝贵资料与信息。
　** 庞念亮，教育学博士，北京体育大学中国冰球运动学院研究员，研究方向为冰球运动理论与实践。

训体系等，对芬兰冰球的特点及不足进行归纳。同时，结合中国冰球运动基本现状，提出了芬兰冰球体系对中国冰球运动发展的五点启示。

关键词： 冰球运动　冰球国家队　冰球俱乐部　青少年冰球培训

二战后，芬兰逐步成为国际冰球赛场上的重要力量。在1988年卡尔加里冬奥会上，芬兰男子冰球队夺得了亚军，极大地激发了芬兰人对冰球的热爱，芬兰冰球自此也获得了长足的进步。芬兰男子冰球队在1994年、1998年、2010年、2014年冬奥会上获得季军，在2002年冬奥会上取得第6名的成绩，在2006年冬奥会上获得亚军。在2018年平昌冬奥会上，芬兰女子冰球队获得了铜牌，男子冰球队取得了第5名的成绩。2018年的男子U20世界冰球锦标赛上，芬兰队赢得了冠军。2019年的世界冰球锦标赛上，芬兰男子队荣获冠军、女子队获得亚军。①根据国际冰球联合会最新的世界排名，芬兰男子与女子冰球队都位居世界第3名。②

与人口众多、幅员辽阔的加拿大、俄罗斯、美国等世界冰球强国相比，芬兰人口较少，大约有550万人口。在世界冰球竞赛场上取得这么优异的国际竞赛成绩，芬兰是如何做到的？中国冰球又可

---

① "Ice Hockey in Finland," National Teams of Ice Hockey, https：//www.nationalteamsofic-ehockey.com/finland/.

② "World Ranking," IIHF, https：//www.iihf.com/en/worldranking, accessed August 20, 2020.

以借鉴哪些内容呢？本文基于芬兰语及英语有关芬兰冰球的文献资料，对两位长期从事冰球运动竞训的芬兰专家进行了深度访谈，就上述两个问题展开分析，以期为中国冰球运动的可持续发展挖掘可资借鉴的经验。

一 芬兰冰球运动体系

自20世纪20年代以来，芬兰冰球运动逐步成为芬兰民族独立与国家形象建设的重要着力点。[①] 2008年，芬兰冰球协会领导人如Kalervo Kummola 和 Erkka Westerlund 等意识到芬兰冰球的整体竞技实力在下降，瑞典、俄罗斯和美国等国家都在培育更多优秀的冰球运动员。在这种危机感下，芬兰冰球协会于2009年举办了一次大型研讨会。各支国家队的主教练，各冰球俱乐部的训练总监，球队的主教练、总经理，国家队退役球星，以及球探、经纪人和国外冰球专家等齐聚一堂商讨对策。在这次会议之后，芬兰冰球开启战略性革新，对国家队的体系与后备人才培养体系等方面做了很多调整。至今这些改革举措仍在实施，保障芬兰冰球体系的良好运行。[②] 芬兰冰球运动体系是在芬兰文化环境中成长起来的一种体育文化，包括国家队体系、冰球俱乐部及其赛事体系、青少年培训体系。

---

① Riitta-Ilona Hurmerinta, "Suomi-JääKIEKKO Sai Tutkimushistoriansa," lokakuu 17, 2018, https://www.lts.fi/liikunta – tiede/artikkelit/suomi – jaakiekko – sai – tutkimushistoriansa. html.
② Julie Robenhymer, "Finland Poised for Triple-Gold Feat," *The New York News*, May 18, 2016.

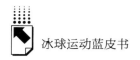
（一）芬兰的冰球国家队体系

1. 国家集训队的运作

芬兰的国家冰球队主要依据世界冰球锦标赛组建，划分为 5 支队伍，包括女子成人、女子 U18、男子成人、男子 U20、男子 U18。芬兰冰球协会全面负责这 5 支国家队的选拔、集训、参赛及管理服务工作。协会的冰球发展总监与冰球教练委员会共同决定各支国家队的主教练人选。主教练职位是一份长期的全职工作。主教练被聘用后，一般会推荐自己信得过的职业人士，如助理教练、体能教练、视频教练、守门员教练等组成自己的教练团队。这些人通常有丰富的职业经验与相似的执教经历，在工作中有很多共识。2009年后，芬兰各支国家队的教练都是全职聘任，并保持很强的稳定性与延续性。这是因为执教团队是一份长期的工作，教练团队与运动员之间需要建立深度的信任、理解与合作关系。教练长期深入了解队里每名运动员的成长与发展情况、为每名运动员的发展路径提供指导，这被称为"芬兰猛狮成长之路"。

各支国家队的教练团队依据国际重大比赛计划安排球队的集训和参赛。在这个时期之外，国家队队员则在其所属冰球俱乐部进行训练和比赛，大部分队员在芬兰本土的俱乐部参加联赛，小部分队员在美国、瑞士、德国、俄罗斯等国的冰球俱乐部。各支国家队的教练会有计划地走访每名队员所属俱乐部，观察自己队员的训练与比赛情况，以及饮食、休息情况与社会关系。例如，国家队教练会拍摄队员的比赛视频，分析比赛视频之后与球员所属俱乐部球队教练沟通并提出建议以改善队员的训练情况，更好地迎接未来的比赛。通过与队员及其俱乐部教练、经理和家人保持密切交流，国家队能系统掌握每名队员的实际状况，并明确提出对每个人的期待和要求。这种密切联系、提供指导的方式打破了俱乐部球队与国家队之间的隔阂。国家队的存在不仅仅是集训与参赛期间，还长期而深入地延伸到各个俱乐部；国家队以冰球运动员为中心，通过国家队教练与俱乐部教练的交流合作将冰球俱乐部与国家队融入同一个体系。各国家队教练都重视团队建设、有效的沟通与反馈，这也极大地增强了球队的凝聚力和竞争力。[1]

2. 国家队后备梯队的建设

芬兰冰球协会重视国家队的后备梯队建设，在运动员 15 岁开始专项训练后就逐步进行测试选拔，建立 15 岁及以上每个单年龄阶段的国家集训队。每年夏天，芬兰冰球协会召集全国各冰球俱乐部推荐的优秀的 14～15 岁冰球少年参加全国冰球训练营——"Pohjola Camp"。通过系统的训练指导、各种测试与评估，最后选出 100 人的 U15 国家集训队。他们参加第二年的训练营，再形成一支 36 人的 U16 国家集训队。各支集训队每年都会有新队员进入和老队员退出，进行动态的调整更新。例如，当选拔参加 U18 世界冰球锦标赛的队伍时，先前入选 U16 国家集训队的 36 名队员可能仅有一半还留在队伍。一名球员如果从 15 岁进入国家集训队一直坚持到 20 岁，将有超过 100 场的国际冰球比赛经验。这种从 15 岁开始的单年龄段国家集训队的选拔、训练与竞赛机制，保证

---

① Daniel A. Weigand, Esa Rovio, Monna Arvinen-Barrow et al., "Using Direct Team Building Methods in a Finnish Ice Hockey Team: An Action Research Study," Conference Paper, The Meeting of the Association for Applied Sport Psychology, At St. Louis, MO, USA, September 2008.

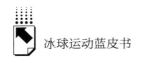
了每个年龄段都有足够优秀的后备人才供给，为国家队源源不断地输送人才，保障了芬兰各支国家队能够维持较强的国际竞争力。[1]

（二）芬兰的冰球俱乐部与联赛体系

1. 冰球俱乐部体系的构建

冰球俱乐部是促进芬兰冰球运动持续发展的主体力量，通过各自的训练与竞赛吸引着儿童、青少年等不同社会群体参与冰球运动，并为国家培育了一批批优秀的冰球人才。芬兰的冰球俱乐部可以简单分为两类，即职业与业余性质的冰球俱乐部。

职业冰球俱乐部通常采用公司性质的运行模式，运营内容以成人职业球队参与冰球联赛为主，通常会有 U20 青年队作为发展梯队。俱乐部的收入主要来自球队的比赛门票销售、赞助商、个人投资者以及其他副业。

芬兰有200多家业余俱乐部，大部分业余俱乐部有儿童青少年队和业余成人队，日常运行管理也与职业俱乐部相似。业余俱乐部是非营利性社会组织，具有很强的公益性。业余俱乐部能够得到地方政府与社区在运动场地、财务资金等方面的持续支持，在人员方面主要依靠社区大众提供义工服务。有些业余俱乐部发展多样性的运动队，如冰球、足球、田径等，有些只专注于冰球。

业余冰球俱乐部为会员提供冰球服务，如开展训练并组织参加赛事，收取的会员费用是其重要的经济来源。业余冰球俱乐部规模

---

① Jari Lämsä, "Lions on Ice: The Successful Story of Finnish Ice Hockey," in Svein S. Andersen, Lars Tore Ronglan eds., *Nordic Elite Sport: Same Ambitions, Different Tracks*, Copenhagen Business School Press, 2012, pp. 161－163.

不一，大的俱乐部会员多达数千人，小的俱乐部会员只有百人左右。业余俱乐部的全职工作人员很少，有部分兼职人员，大部分是志愿者。所以，芬兰的业余冰球俱乐部都十分依赖民众的志愿服务精神。也就是说，大多数俱乐部的教练与经理等管理人员并不依靠参与冰球服务赚钱谋生。他们参与俱乐部服务或是出于对冰球的热爱，或是出于社交娱乐的需求，或是因为自己的孩子在俱乐部球队中。这种志愿服务精神是芬兰冰球发展最重要的推动力量之一。[①]

2. 冰球联赛体系的结构

完善的冰球联赛体系是推动芬兰冰球运动普及与提高的重要动力。芬兰各类冰球俱乐部以各类冰球联赛为中心，采用升降级方法，构建了从业余到顶级职业的层级化全国赛事体系，广泛吸引大众参赛和球迷观赛，也为国家队的发展提供了源源不断的优秀人才。

Liiga 是由芬兰 15 家职业俱乐部组建的顶级职业冰球联赛，也是欧洲排名第二的职业冰球联赛。这个联赛由各俱乐部共同组建的联盟公司管理运行，得到芬兰冰球协会的支持。该公司代表联盟与赞助商和电视转播商就相关权益谈判，负责赛事的市场推广。职业俱乐部球队如果想加入这一联盟，其经济条件、冰场设施条件、电视转播条件、青少年后备人才培育等必须符合相应的要求。Liiga分为常规赛与季后赛两个赛季。常规赛每年一般 9 月中旬开始，每支球队参加 60 场比赛，积分高的 6 支球队直接进入季后赛的半决

---

① Hannu Itkonen, Anna-Katriina Salmikangas, "The Changing Roles of Public, Civic and Private Sectors in Finnish Sports Culture," *Public Policy and Administration*, Vol. 14, No. 4, 2015, pp. 545 – 549.

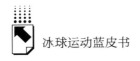
赛；常规赛排名第7～10名的球队将开展资格赛，前两名队伍参加季后赛的半决赛。季后赛一般在次年3月中旬开始，4月中旬结束。

Liiga之下还有一级由12个俱乐部球队组成的半职业化联赛——Mestis。这个第二级的联赛由芬兰冰球协会管理，俱乐部达到一定条件即可申请升级到Liiga联赛。第三级的联赛是Soumi-sarja，由14支业余冰球俱乐部球队组成，竞技水平远低于Mestis和Liiga，优胜队伍可以升级到Mestis，排名最后的队伍则降级到第四级联赛Ⅱ-Divisioona。Ⅱ-Divisioona是大众业余冰球联赛，由6个赛区共55支球队组成。第四级联赛的优胜队可以升级到Soumi-sarja，排名最后的球队降级到第五级联赛Ⅲ-Divisioona。Ⅲ-Divisioona有110多个俱乐部，最低级别的Ⅳ-Divisioona联赛也有30个俱乐部。从Soumi-sarja到Ⅳ-Divisioona都是业余冰球俱乐部球队的业余联赛，为冰球爱好者的业余生活服务。

此外，芬兰早在20世纪80年代就创建了全国女子精英联赛SM-sarja。目前这个联赛有8支俱乐部球队参赛，其中5支来自Liiga联盟的俱乐部。芬兰女子冰球发展缓慢，渐有被瑞典Svenska Damhoekeyligan女子联赛超越的趋势，芬兰冰球协会已开始重塑女子联赛品牌，吸引球迷和赞助商。除了积极鼓励各冰球俱乐部发展女子冰球计划，芬兰冰球协会也加大资源投入助力女子冰球的快速发展。在SM-sarja之下，次一级的女子冰球联赛近些年来有了较大的进步，目前已经有12支女子球队，女子联赛规模不断扩大。

3. 冰球协会的支持

芬兰冰球协会是一个全国性的非营利体育组织，主管整个芬兰冰球的发展。其主要使命是为全国 3000 多支球队和 7 万多名注册球员提供更好的参与冰球运动的条件，激发更多家长和社会人士参与冰球工作，帮助国家队在国际赛场上获得更多胜利。自 1928 年成立以来，芬兰冰球协会对芬兰冰球的普及、推广、发展、提高做出了杰出的贡献。尤其是自 20 世纪 80 年代以来，在芬兰冰球协会的领导下，芬兰冰球在国际冰球赛场上取得很多的辉煌战绩，冰球也成为芬兰最受欢迎的体育项目之一。芬兰冰球协会团结凝聚了大批热爱冰球运动、具有强大专业背景的资深人士，他们既具有本土情怀，又具有国际视野，制定了切实可行的冰球长期发展战略，并联合各类社会力量推动实施战略，协会内部各部门的分工与配合也合理、有效。目前，芬兰的冰球青少年培训体系为世界冰球发展培养了大量优秀人才，职业冰球联赛 Liiga 在欧洲大陆也是排名第 2 位的高水平联赛，芬兰冰球队在世界锦标赛上的成绩也名列前茅，这些也说明了芬兰冰球协会的工作十分成功。

俱乐部是芬兰冰球体系中的核心。业余冰球俱乐部的成长，不仅需要各级政府给予资金、场地等方面的支持，也需要芬兰冰球协会持续提供服务、支持与管理。为了帮助冰球俱乐部更好地发展，保持俱乐部之间的良性竞争，芬兰冰球协会定期对各类冰球俱乐部的管理人员和教练进行系统培训。此外，芬兰冰球协会为各大区雇用了 9 名全职冰球教练和 28 名技能教练。这些教练视野开阔、能力卓越、经验丰富，依据年度计划经常访问各地青少年冰球俱乐部，与俱乐部的经理、训练总监、球队教练等进行有效沟通，为青少年球队的训练与比赛提供指导。通过这种方式，基层冰球教练能学习到国际上先进的冰球训练教学方法与手段，为本地年轻球员提

供先进的训练与竞赛指导。由此，无论是职业冰球比赛还是业余冰球比赛，竞技水平都会得到一定程度的提高。

（三）芬兰的冰球青少年培训体系

儿童青少年冰球运动的普及与发展是成人冰球联赛与国家冰球队发展的基石。芬兰的儿童青少年冰球运动主要依托业余俱乐部。业余冰球俱乐部的训练与竞赛体系构成了芬兰冰球发展的根基，而成熟的冰球教练员与裁判员培养和管理制度为芬兰冰球青少年培训体系提供了重要的支撑。

1. 从儿童到成年的冰球之路

为芬兰每个热爱冰球的孩子创造实现梦想的机会是芬兰冰球协会的目标之一。所有职业冰球运动员的成长都需要来自家庭、俱乐部和学校的协力支持。家庭的角色至关重要，但更重要的是孩子对冰球的热爱持续不减。芬兰的儿童青少年冰球发展采用LTAD 模式①。每个年龄段的球队都有相应的训练内容、方法与手段的系统要求。孩子在 5 岁左右学习冰球，7 岁正式组队进行小场地比赛，10 岁才进行标准场比赛。每支球队一般有 20 名球员和 2 名守门员。球队的主教练由俱乐部的训练总监指定，助理教练与守门员教练则由主教练指定。主教练、助理教练和守门员教练 3 个岗位大多由志愿者担任，在训练总监指导下训练球队，并参与社区、城市或大区相应级别的冰球联赛。为了防止儿童青少年冰球运动中

---

① Rhodri S. Llody, Jon L. Oliver, Avery D. Faigenbrum et al., "Long Term Athletic Development-Part 1: A Pathway for All Youth," *Journal of Strength and Conditioning Research*, Vol. 29, No. 5, 2015, pp. 1439 – 1440.

出现过度训练和早期的专项化训练，芬兰冰球协会制定了很多措施，为儿童、青少年不同阶段的冰球训练与竞赛提供科学的指导。

（1）5~9岁年龄段：培养对冰球运动的热爱

4~6岁的幼儿初学者在冰球俱乐部学习滑冰，享受冰上运动的乐趣。在此阶段，芬兰每个俱乐部的冰球课程和教学目标都是相同的。一般情况下，在一块冰场上有4~6名教练对30~50名儿童进行分组训练。儿童、青少年通常在放学后由家人陪同到冰场学习。一些家人就成为冰场上的志愿者教练或球队经理。进入冰球俱乐部的第一年，家长和孩子一起上冰参加冰球训练，练习相同的冰球内容。家长会教导孩子如何管理自己的装备、穿着装备。

少儿冰球训练根据趣味的原则设计，包含很多小游戏和小场地比赛，让孩子们以正确的方式掌握滑冰与冰球技能。在7~9岁年龄段，主要进行四对四的小场地比赛。这类比赛是训练孩子个人得分能力的重要方式。

（2）10~14岁年龄段：在良好的氛围中持续参与训练

在10~14岁年龄段，青少年的冰球训练时间会越来越长，比赛竞争也逐渐变得激烈。为了保持孩子们对冰球的热爱，避免其过早放弃冰球，芬兰冰球协会依然严格限制比赛的次数与数据公开。只有到12岁，才能公开个人的比赛数据。一般而言，在这个年龄段，一个参赛球队会有15~30名队员（至少是10+1的整队，即10名球员、1名守门员），教练们会根据队员水平划分小组。到了14岁，球队至少要有17名队员（15名球员、2名守门员）。

在这个年龄阶段，大部分的俱乐部会花费更多时间让青少年进行身体素质训练。所以相对于陆训与体能，冰上的训练要少一些。

各个年龄段的比赛将根据运动员的年龄与冰球技术水平调整等级与组别。芬兰冰球协会需要确保每个孩子都有机会根据自己对冰球的热爱程度与能力实现个人最好的发展。在 14 岁第一次有资格参加国家集训队的选拔时，大部分青少年已能确定个人最喜欢、最想参与的运动项目。

（3）15～19 岁年龄段：确定未来发展方向，加强竞技能力训练

在这个年龄段，青少年需要确定自己的冰球发展道路，是选择未来成为冰球选手，还是只把冰球作为业余爱好。所以，青少年在冰球运动上投入的精力与时间也就很不一样。芬兰主要的俱乐部会与学校或者优秀的冰球运动员合作，让青少年一天参加两次训练。在这一时期，家庭支持他们参与冰球训练依然相当重要。尽管优秀的青少年在这一阶段开始获得俱乐部的合同（资金支持），即俱乐部会承担他们的训练与装备费用，但大部分继续坚持冰球运动训练的青少年还需要家庭花费资金支持其参与冰球训练。

在这个年龄段，球队内的球员之间、俱乐部球队之间的竞争变得更为激烈，再加上 U15、U16、U17、U18、U19 的国家集训队都在逐年进行选拔、精简人数，在这种情况下，对于运动员心理承受能力的考验越来越大。因此，教练组对这个年龄段青少年的运动心理训练也开始逐渐增强。优秀的冰球青少年可以入选芬兰 U18 国家冰球队，代表芬兰参加 U18 级别的世界冰球锦标赛。

（4）20 岁及以上年龄段：在广阔平台上全力拼搏

芬兰良好的青少年冰球成长体系将培养出大量高水平的冰球运动员。芬兰本土两大高水平的男子冰球联赛 Liiga 与 Mestis、女子

冰球联赛 SM-sarja，以及北美国家冰球联盟（NHL）、俄罗斯大陆冰球联赛（KHL）、瑞典超级联赛（SHL）、瑞士冰球联赛（NLA）等高水平联赛，为芬兰冰球运动员提供了广阔的发展平台。在这些冰球联赛上，芬兰籍运动员也取得较多荣誉。在国家冰球联盟赛场上，芬兰籍运动员人数超过俄罗斯、捷克、瑞士等冰球强国。知名冰球记者肯·坎贝尔认为，在世界冰球锦标赛以及各大职业联赛上没有人比芬兰人做得更好。[①]

芬兰籍冰球运动员在世界冰球领域取得的优异成绩是对芬兰冰球青少年培训体系的认可与肯定。值得注意的是，在国际大赛上，芬兰国家冰球队的队员都是在芬兰本土冰球联赛中锻炼出来的。芬兰青年国家队在 2018 年男子 U20 世界冰球锦标赛上夺得冠军，都是依靠本土球员。2019 年，芬兰国家队在男子成人世界冰球锦标赛上赢得冠军也主要得益于芬兰本土联赛的运动员的贡献。

2. 从入门到专业的教练员成长之路

芬兰冰球协会已形成较为成熟的冰球教练员培养与管理制度。冰球教练员分为五个等级。一级和二级的冰球教练员属于入门等级，主要是在俱乐部做冰球教练的志愿者或者刚毕业的大学生考取。尽管大部分芬兰人会滑冰或打冰球，但如果想在业余俱乐部教授冰球，需要在业余俱乐部接受常规培训，并获得芬兰冰球协会的认证。常规培训内容主要分为五类，包括冰球的运动技能与知识、做冰球教练的意义、如何指导不同年龄段的初学者、冰球训练的沟

---

① Ken Campbell, "Why Finland is the Best Hockey Country in the World," The Hockey News, January 10, 2016, https: //thehockeynews. com/news/article/why – finland – is – the – best – hockey – country – in – the – world.

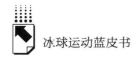
通和领导能力、儿童和青少年的心理发展与人体生理学等理论。完成这些课程并获得芬兰冰球协会颁发的证书后，才可以在业余俱乐部开展冰球训练指导工作。

如果有志于以教授冰球为职业，教练至少要获得第三级证书，能够完成对冰球队训练与竞赛的系统分析、制订自己的教学理念与教学计划，并从教授儿童冰球开始积累经验，对自己所带领的俱乐部队伍的成长负责。如果某一俱乐部屡屡出现学员更换俱乐部的情况，芬兰冰球协会将展开调查、了解原因。如果是因为教练的问题，芬兰冰球协会将选派技能教练帮助该俱乐部的教练提高执教水平。

随着所带队伍球员年龄的增长，教练之间的竞争也变得激烈。冰球教练需要不断钻研学习，继续考取第四级和第五级证书，提高执教能力。高级别证书的获得，不仅要有长期、丰富的执教实践经验，还要掌握教练理论，了解国际上冰球科学训练与竞赛的发展前沿。高级别的教练培训主要在体育学院中举行，持续时间很长，教练需要投入极大的精力和时间去学习，参加线上、线下的各种考试，合格后才能获得高级别证书。芬兰冰球协会还会定期与考取高级别证书的教练所带的队员沟通，了解其实际执教情况，作为评估其能否获得证书的条件之一。获得高级别的证书，从事冰球训练的机会和报酬也会更多。

芬兰冰球协会在每年8月举行年度大会，回顾和评价与教练有关的政策与实施过程，并讨论新出现的问题；来自各大俱乐部的主教练或训练总监会集在 Vierumäki 的芬兰冰球教育中心进行深入交流探讨；各冰球俱乐部的主管、经理和裁判们也有相应的会议。这个年度活动被称为"芬兰冰球协会的超级周末"。这是每年一度的冰球信息分享、讨论的会议，参与者在会后将回到各自地区分享重要的前沿信息，促进冰球体系的完善和发展。

3. 从初级到高级的裁判员管理之路

芬兰的冰球裁判员分为 8 个等级。1～4 级为初级裁判员，主要服务于低级别的业余比赛；5～6 级为中级裁判员，主要服务于竞技水平更高的业余比赛或半职业比赛；7～8 级是高级裁判员，服务于国内职业联赛与国际上的冰球比赛。芬兰的注册裁判员多为冰球运动员，对比赛的理解特别深刻。裁判员需要通过严格的级别考核认证。如果无法通过考试，则无法在相应级别的正式比赛中执裁。芬兰冰球协会在比赛后会收集赛事组委会对裁判执裁情况的反馈，每年召开裁判大会，通过这些举措督导裁判员不断提高执裁水平。

二　芬兰冰球发展的特点与不足

作为一个人口小国，芬兰在冰球领域取得的卓越成就主要得益于冰球发展各层面的多向有效沟通与协力配合，包括国家队的队员与教练、国家队的管理与运作系统、儿童青少年的冰球训练与赛事体系、冰球俱乐部与芬兰冰球协会之间，以及政府、协会与其他体育组织等层面的协作统筹。总体来讲，芬兰冰球体系每个层级都实现了良好的运作。当然，这个体系的成熟也是很多年的投入、探索与反思的结果。

芬兰逐渐形成了具有芬兰文化特质的冰球理念，即在芬兰打造

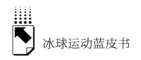

世界上最好的冰球运动，让每个冰球参与者有更多的收获。这种理念的形成也与其人口相对较少有关。与加拿大、俄罗斯、美国与瑞典等世界冰球强国相比，芬兰的青少年人口基数相对较小，儿童、青少年冰球人口也相对较少，所以每个参与冰球运动的孩子对冰球发展来说都特别珍贵。从家庭、俱乐部到协会，都希望每个孩子能够长期持久地参与冰球运动，更好地成长、发展与幸福生活。为此，在芬兰独特的北欧社会文化氛围中，其冰球发展形成了如下鲜明的特点。

第一，芬兰冰球强调运动训练的高品质。教练员在运动训练中对运动员的要求特别仔细。一方面，即便是很小的技术环节，教练都要求运动员做到尽善尽美，每个运动员都要努力提高自己的技能水平，用奋力战斗的勇气与精神做好比赛中更好的攻防组织；另一方面，教练也要不断改进自己的冰球训练和竞赛指导，适应比赛的新要求。

第二，芬兰冰球队强调团队合作、反应迅速，比赛呈现出极强的流畅性与战术灵活多变性。芬兰冰球运动员通常称芬兰式的比赛为"我们的竞赛"。

第三，芬兰教练注重运动员心理对球队的影响。优秀的芬兰冰球教练会充分了解每位运动员，倾听他们内心的想法，积极有效地开展沟通交流，建立理解、信任与共识。这种教练与运动员之间、运动员与运动员之间的心理契合与支持成为芬兰国家队在国际赛场上取得优异成绩的重要因素之一。

当然，尽管芬兰冰球体系已相当成熟，但由于全球化的持续推进，特别是商业力量的过度介入，芬兰冰球发展中也出现了一些亟待解决的问题。这些问题在芬兰冰球协会制定的《芬兰冰球战略

（2018～2022）》中有清晰的阐述。①

第一，早期专项化问题。作为一项晚期专项化的运动项目，冰球技术复杂程度高，人才培养周期长。儿童时期参与体育运动要以快乐为向导，鼓励儿童广泛参加不同的运动项目，以最佳的方式提高基本身体素质和综合运动能力，这不仅可以为孩子在青春期以后发展专项竞技能力打下良好的基础，也能让孩子发现真正热爱、擅长的运动项目。芬兰儿童数量少，一些冰球教练担心孩子喜欢上足球、篮球、网球等项目而放弃冰球运动，不太愿意鼓励他们参加其他项目的正式训练。一些家长与教练将赢球摆在第一位，导致青少年冰球运动训练中出现过度训练现象，产生了过量训练、过早选拔、过早退出的冰球早期专项化的弊病。

第二，芬兰女子冰球运动发展渐缓。国际上女子冰球运动快速发展，呈现出完全职业化的倾向。与加拿大的加拿大女子冰球联赛（CWHL）、美国的北美女子冰球联赛（NWHL）以及瑞典的瑞典女子冰球联赛（SDHL）相比，芬兰的女子冰球联赛已经有所落后，在后备人才梯队方面也显示出不足。为此，芬兰冰球协会不断努力，吸引更多女生在中小学阶段参与冰球运动，以便稳固根基、拓展女子冰球发展的人才资源。但这个问题目前尚未有效解决。

第三，参与冰球运动的成本高昂。芬兰的儿童、少年参与冰球运动的成本相对低廉，这是因为运动训练与比赛在社区范围内展开，很多业余俱乐部受到社区的各种资源支持。但是自15岁左右

---

① "Strategy for Finnish Ice Hockey 2018－2022，" Suomen Jääkiekkoliitto，http：//www. finhockey. fi/index. php/info/strategia/item/download/1196_ 73a3c481c171866cfc4a21e311188cb7.

青少年开始冰球专项化培养之后，家庭在冰球方面的开支急剧增加。经济收入不高或有多名孩子参与冰球训练的普通家庭将承受越来越重的经济负担。尽管芬兰冰球协会、各种基金会已经提供了一些冰球资助基金，但仍未能从根本上改变"打冰球更昂贵"的趋势[1]。过早的淘汰性选拔以及昂贵的参与费用等原因也导致芬兰冰球的儿童、青少年参与人数开始减少。地板球（flood ball）运动在青少年群体中广泛流行，当前，芬兰地板球协会的注册人数已超过芬兰冰球协会的注册人数。

三　对中国冰球发展的启示

自 2015 年 7 月获得第 24 届冬季奥林匹克运动会举办权以来，党中央、国务院高度重视冬奥会的筹办和备战工作。党的十九大提出："加快推进体育强国建设，筹办好北京冬奥会、冬残奥会。"习近平主席关注冰球运动，对中国青少年冰球运动发展寄予殷切期望，在 2017 年 2 月考察冬奥会筹备工作、接见青少年冰球运动员时，对青少年冰球和队列爱好者们说冰球可以训练勇猛精神，希望继续努力。[2]

目前，相对于传统冰球强国，中国冰球运动还有较大提升空间。在 2019 年国际冰球联合会公布的世界排名中，中国国家男子

---

[1]　Ed Adamczyk，"Hockey too Expensive for Many Finnish Kids，Report Says，" United Press International，https：//www. upi. com/Top ＿ News/World － News/2014/04/11/Hockey － too － expensive － for － many － Finnish － kids － report － says/6751397231657/.

[2]　《习近平：中国要变成一个强国，各方面都要强》，人民网，2017 年 2 月 25 日，http：// politics. people. com. cn/n1/2017/0225/c1001 － 29107382. html。

冰球队排在第 33 位，国家女子冰球队排在第 20 位，排名相对靠后；国内每周参与冰球系统训练的青少年实际不足 2 万人，冰球运动青少年培训的人口基础薄弱；冰球教练的执教水平参差不齐，数量不足 1000 人，教练队伍不健全；室内冰球建设多集中于大中城市，区域发展不均衡问题突出。可见，中国冰球运动水平距离冰球强国的目标依然遥远。从芬兰的冰球发展经验可以得到以下五点启示。

第一，加强组织领导，充分发挥冰球发展专项组织的统一指导作用。中国冰球运动发展任重道远，中国冰球协会应充分发挥其全国性群众体育组织的职能，广泛地聚集冰球领域、体育领域乃至战略发展领域的教练、专家与学者，通过深入讨论问题、凝聚改革共识，尊重冰球人才成长的规律，清晰认识中国冰球的优势和劣势、机会和挑战，制订具有实效性的冰球运动长期发展计划。冰球人才的成长周期一般为 10～15 年，尤其是在中国这么大的一个国家进行冰球推广普及和提高所需时间更长。因此，要努力争取获得政府与市场的强有力支持，稳步、有序实施冰球运动发展规划。

第二，重视国家队及梯队建设，组建长期执教的优秀教练团队。国家队在国际赛场上的竞赛成绩与团队形象是在全国范围推广冰球运动的重要引擎。国际化教练团队能够实现训练与选拔、跟踪指导与组队参赛的全程指导，有助于国家队稳步地提高成绩。改变以往教练群体短期聘任的办法，采用长期聘任、组建专业和稳定的教练团队的芬兰模式，保证在国家队集训、选拔与比赛期间外，教练团队可以长期跟踪队员情况、督促他们持续进步，同时指导地方青少年培训建设、在青少年联赛中甄选优秀人才，为国家储备优秀的冰球选手。

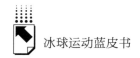

第三，构建国内冰球联赛体系，搭建冰球运动员成长舞台。应尽快开启地区性和全国性各个年龄段的冰球联赛，包括中学和大学的冰球联赛。尤为重要的是建立国内顶级的男子联赛与女子联赛，让更多运动员可以积累更多的正式比赛经验。借助顶级联赛，形成冰球文化共同体，积极培养本土冰球明星，借助榜样力量影响和引导年青一代、发展少儿冰球联赛。少儿冰球联赛要尽量采用区域化、长期化的策略，避免为追求胜利导致的过早专项化训练。

第四，建立冰球教练员与裁判员成长体系，助力冰球运动高质量发展。要紧跟国际冰球运动训练与竞赛的前沿发展理论，充分利用现代先进的科技手段，构建国内冰球教练员及裁判员的培养、认证、训练与再教育体系。冰球教练教育培训要维持严格、一致的标准，包括青少年培训理念、训练大纲、训练方法与手段等方面，切实提高不同层次的教练员的执教水平。

第五，加快青少年培训体系与单年龄段国家集训队建设，持续培育冰球运动后备力量。青少年培训体系的建设，不仅在于资金的大量投入与冰场等基础设施建设，还在于教练员群体的科学培养与各级别儿童青少年赛事体系的合理搭建。冰球协会与俱乐部要对儿童、青少年冰球教练员的评价与薪酬体系进行深度改革，敦促他们依照 LTAD 原则科学地培养冰球人才。学习芬兰选聘技能教练长期、持续支持地方冰球教练的方式，促进各地的青少年培训保持较高水准。借鉴芬兰设置各支单年龄段国家集训队的建设办法。通过年度训练营等方式，对 15 岁及以上的青少年进行初步选拔，组建单年龄段的国家集训队，通过年度集训与选拔进行动态调整，逐渐形成衔接有序的国家队梯队层次。

B.9
北美国家冰球联盟的奥运会发展路径分析

李龙谋*

摘　要： 国家冰球联盟是奥林匹克大家庭中最大的职业联盟。然而，受劳资协议谈判影响，NHL 的奥运之路坎坷不平。本文回顾了国家冰球联盟的整个奥运会历程以及其对奥运会的影响。国家冰球联盟参加冬奥会扩大了冬奥会的品牌影响、增加了冬奥会在版税等方面的收益。另外，本文阐述了北美职业特有的劳资协议文化，为中国冰球俱乐部及职业联赛的发展提供参考。

关键词： 冰球运动　国家冰球联盟　冬奥会

2020 年 7 月 11 日，国家冰球联盟（以下简称 "NHL"）的 31 位老板与球员工会国家冰球联盟球员协会（以下简称 "NHLPA"）所属近 300 名球员达成了新的劳资协议（Collective Bargaining Agreement，CBA）。该协议不仅规定了如何恢复因新型冠状病毒肺炎疫情暴发而中断的 2019～2020 赛季，也修改了原有的劳资协议，

---

* 李龙谋，著名冰球评论员，前昆仑鸿星副总裁兼球队副总经理。

并延长至2025～2026赛季结束。在诸多修改中，最重要的一条是NHL将允许球员参加2022年北京冬奥会、2026年米兰冬奥会。这意味着长达6年的国际奥林匹克委员会（以下简称"国际奥委会"）、国际冰球联合会（以下简称"国际冰联"）与奥林匹克家族中最大的职业联盟NHL的博弈就此结束。NHL重新回归奥林匹克大家庭，至少6支由NHL球员满编组成的"冰球国家梦之队"将出现在北京冬奥会的赛场上。

自1998年以来，NHL连续派遣球员参加了5届冬奥会，提高了NHL以及冰球运动的世界知名度，也帮助冬奥会增加了经济收入。然而，2017年4月，NHL宣布拒绝派遣球员参加韩国平昌冬奥会，引发联盟内部球员诸多不满，也震惊了国际体育界，点燃了NHL与国际奥委会、国际冰联的战火。本文尝试论述NHL回归奥运会的艰难历程，并剖析北美职业联盟特有的管理文化和模式，为未来的中国职业联赛发展提出参考借鉴。

一 NHL巅峰对决推动进军奥运会之路

冰球比赛早在1920年就加入了奥林匹克大家庭，并在1924年成为冬奥会的正式比赛项目，也是比赛场次、参与运动员最多的项目。早期《奥林匹克宪章》规定，职业球员不能参加奥运会，因此包括NHL球员在内的优秀职业球员一直未能出现在奥林匹克赛场。然而，得益于体制优势，苏联全职训练的专业运动员可以参加冬奥会，并获得1956年、1964年、1968年、1972年、1976年、1984年和1988年7次冬奥会冠军，冬奥会冰球比赛进入苏联时代。

为深化国际交流，以 NHL 优秀球员组成的加拿大国家队曾经在 1972 年与苏联国家队进行了 8 场对决，加拿大国家队艰难取胜。在双方 1974 年的 8 场对决中，加拿大国家队 2 胜 1 平 5 负，苏联以绝对优势胜利。

两次对决激发了北美和欧洲冰球界的热情，全世界最优秀冰球运动员代表国家参加国际大赛的想法广泛传播。于是，冰球世界杯的前身"加拿大杯"（Canada Cup）应运而生。"加拿大杯"在 1996 年被正式命名为冰球世界杯（World Cup of Hockey），在 NHL 职业球员无法参加冬奥会和世锦赛以前，冰球世界杯是全世界冰球水平最高的赛事。

1986 年 10 月 15 日，国际奥委会投票通过决议，修改了《奥林匹克宪章》，宣布从 1988 年韩国汉城（首尔）奥运会开始，包括职业运动员在内的所有运动员可以参加奥林匹克运动会，意味着 NHL 球员也可以参加奥林匹克盛会。然而，由于冬奥会在 2 月举办，与 NHL 赛季冲突，NHL 职业运动员错过了 1988 年、1992 年和 1994 年 3 届冬奥会。

在 1992 年巴塞罗那夏季奥运会上，由 NBA 职业球员组成的美国国家男子篮球队获得了奥运会金牌，"美国梦之队"的称号就此打响。NBA 品牌因奥运会得到广泛传播，NBA 开启了全球化之路，也为 NHL 的全球传播提供了经验。1993 年，曾任 NBA 高官的加里－贝特曼先生被聘为 NHL 总裁。回想 NBA 的巨大成功，贝特曼也致力于把 NHL 带到奥林匹克大家庭。"NBA 在奥运舞台上的表现，让 NBA 在世界范围内得到了广泛的传播，如果 NHL 站上奥运会舞台，世界将会感受到冰球运动的真正魅力。"贝特曼如此表述。

二　NHL 遭遇停摆，倒逼开启奥运之路

然而，进军奥运之路需要跨越重重考验，劳资协议即横在面前的一座大山。在北美诸多职业联盟中，劳资协议的重要内容就是工资帽。工资帽分为硬工资帽、软工资帽和无工资帽。硬工资帽（NHL、NFL 和 MLS 采用）指每支球队的工资总额不能超过某个额度，如果超过这个额度就要面临选秀名额被罚、判输比赛甚至停止比赛等非常严厉的措施。软工资帽（NBA 采用）指每支球队的工资总额可以超过某个额度，但要交奢侈税。没有工资帽（MLB 采用）指球队的工资总额没有任何限制。工资帽与总收入密切相关，目前北美联盟把媒体版权、赞助、门票收入、场馆部分运营收入、衍生品收入、加盟费收入以及国际收入叠加计算总收入，按照分成比例，除以球队数量得出一支球队的工资帽。因此，球员越努力，比赛越精彩，收入越高，那么球员工资也越多。在北美，硬工资帽的劳资协议有着无法比拟的优势，尤其对场上比赛人员较多的联盟而言，不仅球员成本固定，还能够让各支球队实力较为平均、比赛更有悬念，也让球员流动性更强，年轻球员也能得到更多锻炼和发展的机会。

在 NHL，劳资协议除工资帽问题以外，还包括球员国际比赛日期、参与冬奥会和世界杯等赛事以及球员保险、包机和采访权限等相关问题。因此 NHL 是否参加冬奥会，并不是由 NHL 决定，而是由 NHL 和 NHLPA 签订的劳资协议来确定。1994～1995 赛季，刚上任不到 3 年的贝特曼遇到了职业生涯第一次劳资协议的谈判和联盟停摆。NHL 停摆长达 103 天，直到 1995 年 1 月 11 日才宣告结束，成为当时北美四大职业联盟中停摆时间最长的一次劳资谈判。由于 NHL 的主要目标是实现劳资双方的和平共处以扩大联盟规模，加上大城市球队老板反对工资帽制度，贝特曼在劳资协议中添加工资帽的想法最终未能实现。为获得更多利润，贝特曼放眼全球，将目光转向了冬奥会。1995 年 3 月，新的劳资协议签订后不到 2 个月，国际冰联与国际奥委会在瑞士苏黎世签订了 NHL 派遣球员参加冬奥会的协议，这项内容也被添加到已签订的新劳资协议中。作为回报，NHL 将和国际冰联在 1996 年和 2004 年共同举办冰球世界杯。对于球员而言，原本 3 年的劳资协议（1995～1998 年）将延长 6 年至 2004 年冰球世界杯结束。

新的冰球时代就此打开，冬奥会真正迎来了职业球员，冬奥会冰球比赛也成为世界上最为精彩、最强球员参与、有国家属性的冰球赛事，而冬奥会也开始了长达 20 多年的黄金发展时期。

三　NHL 开启冬奥之旅，奥运价值浮现

1998 年长野冬奥会增加了女子冰球等项目，NHL 也首次派遣球员参加冬奥会。按照 1995 年 NHL、NHLPA、国际冰联和国际奥委会签署的协议，NHL 将中断联赛 17 天，派遣球员参加这届冬奥会。2 月 13 日，冬奥会正式开幕的第 5 天，冰球小组赛才正式开始。为填补 5 天空白，国际冰联安排了第 7～14 位排名的球队分两个小组进行资格赛，每个小组第 1 名和世界排名前 6 强（拥有 NHL 球员较多的国家）进行正赛。球员参加完奥运会闭幕

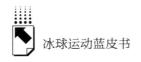

式后，经过短暂的两天调整，开始随后的 NHL 赛季。

1998 年长野冬奥会男子冰球比赛，由 119 名 NHL 球员代表 9 个国家参赛①，NHL 超过 NBA 成为奥林匹克大家庭最大的职业联盟。9 个国家队中，加拿大、美国、俄罗斯和瑞典 4 个国家的国家队是 NHL 满编球队，也是名副其实的冰球世界"梦之队"。在这届冬奥会上，捷克队连续击败 NHL 满编三大强队美国队、加拿大队和俄罗斯队，获得捷克冰球历史上第一枚奥运会金牌，被誉为"长野奇迹"。冬奥会结束后，捷克国家队另外 12 球员均进入 NHL，而捷克国家队也在随后的世锦赛中连续 3 年获得顶级组冠军，开启属于捷克的冰球王朝。

NHL 球星加入冬奥会并没有给日本和日本冰球带来太大帮助，冰球比赛球票只卖出 26%②，大部分比赛空空荡荡，这也是冬奥会男子冰球进入职业化以来销售率最低的一次。究其原因，尽管当时日本已是世界第二大经济体，但经济整体下行，并且亚洲缺乏冰雪文化。当时日本国内没有成熟的冰球职业联赛，东京等富裕的大都市区域也没有形成良好的冰球氛围。NHL 冬奥会之行和 NHL 日本赛的惨淡收入③为 NHL 拒绝参加 20 年后的平昌冬奥会埋下了伏笔。尽管 NHL 球员的加入没有给长野冬奥会带来足够的票务收入，也

---

① 关于球员的具体数据参见 "Olympic Games," Elite Prospects, https：//www. eliteprospects. com/league/og/1997 - 1998。

② *The XVIII Olympic Winter Games*：*Official Report Nagano 1998*, Olympic World Library, https：// library. olympic. org/Default/doc/SYRACUSE/66018/the - xviii - olympic - winter - games - official - report - nagano - 1998 - the - organizing - committee - for - the - xviii - ol？ _ lg = en - GB#_ ga = 2. 138280117. 461225497. 1597071313 - 1323124039. 1596811035.

③ 关于历届冬奥会收入的数据，可参见冬奥会官方报告 "Official Reports of the Winter Games," Olympic，https：//www. olympic. org/olympic - studies - centre/collections/official - publications/ official - reports - of - the - winter - games。

没有给日本冰球带来发展契机，但进一步在世界范围内扩大了冰球运动的影响力、提高了冬奥会的品牌价值。

四 NHL 世纪停摆，冬奥会价值逐年攀升

2002 年盐湖城冬奥会的男子冰球比赛取得巨大成功，总计有 158 名 NHL 球员代表 14 个国家中的 13 个国家队参加了本次冬奥会，其中由 NHL 球员满编组成的"冰球梦之队"由长野冬奥会的 4 支增加至 6 支，包括加拿大队、俄罗斯队、美国队、芬兰队、瑞典队和捷克队，这几个国家也是目前冰球世界的六大强国，被称为冰球界的"梦幻六国"。此次冬奥会在北美举行，NHL 联赛只中断了 12 天。美国与加拿大的最终决赛，创造了北美冰球转播收视纪录，也为盐湖城冬奥会带来巨大收益。

尽管 NHL 在盐湖城冬奥会上取得巨大成功，但内部面临重重危机。由于越来越多的国际球员涌入北美，大城市球队一掷千金，小城市球队成绩太差而无人问津，出现巨大损失，只能转卖球员，甚至转移到别的城市谋求生存。NHL 的财政状况每况愈下。2002～2003 赛季 NHL 财报显示，大约 76% 的收入用于支付球员工资，NHL 亏损额将近 3 亿美元。2004 年 9 月 16 日，冰球世界杯结束，1995 年签署的劳资协议也在这天到期。由于新的劳资协议没有达成，NHL 宣布停摆，开启长达 310 天的谈判。2005 年 2 月 16 日，NHL 宣布取消 2004～2005 赛季，成为北美职业体育历史上第一个因为劳资谈判而取消整个赛季的联盟。

2005 年新劳资协议的出台改变了整个冰球世界。硬工资帽体

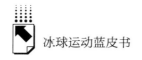
系使球员工资成本得到极大控制，球队实力更加接近，球员流动性也越来越强，国际球员进入北美体育界发展的门槛越来越低。随着冰球比赛日益精彩，球迷逐渐增多，转播费日益提高，NHL 收入大幅增加，工资帽也相应增加，球员工资水平逐渐提高。2005 ~ 2006 赛季，每支球队工资帽总额只有 3900 万美元，时至今日，工资帽水准已达到 8150 万美金。2007 ~ 2009 年，NHL 的收入甚至超越 NBA 成为北美第三大联盟。这样的劳资体系也成为整个北美职业联盟的标杆。NHL 签订这份劳资协议的目的是恢复比赛，再加上刚刚与拥有奥运会版权的 NBC 签署了每年 7700 万美金的转播权协议，还要补偿球迷、供应商、赞助商以及巩固公关形象和品牌价值，劳资双方决定继续参加 2006 年都灵冬奥会和 2010 年温哥华冬奥会。

2006 年都灵冬奥会的冰球比赛依旧精彩纷呈、群星会聚，但赛制有所改变，队伍数量也由原来的 14 支减少至 12 支。NHL 有 153 名球员参与其中，赛季中断 17 天。NHL 球员的奥运会赛程紧密，经历了旅途劳顿的 NHL 球员很难适应，加拿大队与美国队在小组赛就两次输球而进入淘汰赛，创造了 NHL 进入冬奥会的最差成绩。2010 年温哥华冬奥会的男子冰球比赛再次做出调整。为方便 NHL 球员参赛，男子冰球只有 13 个比赛日，符合 NHL 赛季中断 17 天以内的规定；男子冰球比赛场次压缩至 30 场，球队最多打 7 场比赛。146 名 NHL 球员代表 12 个国家参加了温哥华冬奥会。最终，加拿大队在加时赛中击败美国队获得金牌。

赛场外，冬奥会的价值随着 NHL 球员的加入日益增加。2006 年都灵冬奥会结束后，NBC 又买下 2010 年温哥华冬奥会和 2012 年伦敦奥运会的美国电视独家版权。2006 年都灵冬奥会收入接近 15 亿美金，冬奥会的品牌价值持续提高。2010 年温哥华冬奥会的男子冰球决赛收视取得重大突破，获得巨大广告收益，NBC 与国际奥委会签署了奥运会历史上最大的版权协议。NBC 还与 NHL 签署了长达 10 年、高达 20 亿美元的美国独家版权合同，但低于 NHL 每年 3 亿~4 亿美元的期望值，受到 NHL 老板以及球员工会的诟病。这不仅诱发了在 2013 年劳资谈判时 NHL 的又一轮停摆，也让 NHL 重新审视派遣球员参加冬奥会的必要性。

五　暗潮涌动，冬奥赛场黯然失色

因劳资协议谈判，2012~2013 赛季 NHL 再次触发停摆。本次劳资协议基本框架没有改变，但聚焦于收入分成模式下的硬工资帽体系。经过艰难谈判，2013 年年初劳资协议达成，开始新的赛季。2013 年签署的劳资协议没有明确 NHL 是否派遣球员参加冬奥会，只是含糊其辞地表示"将继续推广 NHL 在世界范围内的传播，同时将继续帮助球员代表国家参加比赛"。

在 2013 年劳资协议谈判结束后，国际冰联主席法赛尔就不断接触 NHL，商议 NHL 加入 2014 年冬奥会的准备及谈判工作。此时，刚刚从劳资协议谈判中抽身而出的 NHL 有些为难，主要原因在于谁承担 1400 多万美元的球员差旅费和保险费。在谈判前的记者会上，包括贝特曼总裁在内的 NHL 高管都表示参加冬奥会对于 NHL 来说有些"强人所难"。最终，俄罗斯总统普京决定由俄罗斯奥委会承担 NHL 参加本次冬奥会的费用。于是，2013 年 7 月，

NHL 宣布将派遣职业球员参加冬奥会。

2014 年索契冬奥会男子冰球比赛沿用了 2010 年温哥华冬奥会的模式，使这样的模式就此固定下来。整个索契冬奥会的收入接近 50 亿美元，与 2008 年温哥华冬奥会相比是一个巨大的飞跃。2014 年 5 月，NBC 以 77.5 亿美金①获得了 2022 年北京冬奥会、2024 年巴黎夏季奥运会、2026 年米兰冬奥会等奥运会的转播权。

这样的价格让 NHL 十分嫉妒。NHL 认为自己是国际奥委会最大的职业联盟，NHL 参加冬奥会帮助国际奥委会推广了冬奥会，这也是 NHL 与国际奥委会和国际冰联历次谈判的底气所在。尤为关键的是，冬奥会比赛时间恰逢 NHL 赛季，NHL 不得不终止比赛参加冬奥会，因此失去很多门票收入、赞助费以及广告收入。NHL 也是世界上唯一因为参加奥运会而中断赛季的职业联盟，在 NHL 看来国际奥委会和举办国负担 NHL 球员的保险、住宿和训练师等诸多人员的费用是理所应当的。

2016 年，冰球世界杯在多伦多举行，这次冰球世界杯为 NHL 和 NHLPA 带来了 100 万美元的净利润。球员工会和球员领袖一再警告，冰球世界杯固然重要，但是无法取代冬奥会在球员心目中的地位，NHL 并没有重视。

由于 2018 年平昌冬奥会 NHL 的参赛费用达到 2000 万美元，韩国奥委会表示无法承担这笔巨额费用，国际奥委会主席巴赫也表示国际奥委会无法承担 NHL 球员的招待费用。

---

① "NBC Extends Olympic Deal Into Unknown," The New York Times, May 7, 2014, https://www.nytimes.com/2014/05/08/sports/olympics/nbc – extends – olympic – tv – deal – through – 2032. html.

巴赫这一表态导致 NHL 与国际冰联和国际奥委会的谈判急转直下。至此，NHL 参加 2018 年平昌冬奥会的谈判再也未能回到正常轨道。NHL 球员极其不满，球员工会更是发表了措辞严厉的声明。同时拥有冬奥会版权和 NHL 版权的 NBC 也十分愤怒，表示在冬奥会期间不会转播 NHL 的任何比赛，对联盟施压，但是于事无补。实际上，这个隐患在 2013 年的劳资协议中就已埋下，这份协议并未提及冬奥会，NHL 的真正目的在于通过举办世界杯替代冬奥会，既可以赚取丰厚利润，又可以向国际奥委会和国际冰联施压。

NHL 严令俱乐部在未得到联盟的允许下，不得擅自让球员参加冬奥会，否则球队将面临数千万美元的罚款和选秀权丧失，甚至卖出球队，而球员将可能被终身禁赛。这次事件导致 NHL 与球员的关系急转直下，进入了冷战期。实际上，NHL 也曾希望在内部解决问题。首先，NHL 与球员工会主席开展谈判，希望延长 3 年劳资协议至 2025 年，不能提前终止协议，保证球员参加 2018 年、2022 年冬奥会以及 2020 年和 2024 年的冰球世界杯。然而，这份保证只是"空头支票"，被工会主席严词拒绝。其次，NHL 与合作伙伴 NBC 商谈版权问题。NBC 认为 2018 年平昌冬奥会与 NHL 赛季时间不冲突，NHL 再次吃到闭门羹。最后，NHL 被迫与国际奥委会继续谈判，然而巨额费用使国际奥委会望而却步。最终 NHL 缺席平昌冬奥会。

六 后疫情时代 NHL 重启冬奥冰球盛宴

2018 年平昌冬奥会 NHL 球员缺席男子冰球决赛，收视率比以

往下降40%，门票以及衍生品等现金收入减少了70%，整个平昌冬奥会收入也仅为22.45亿美元。NHL 2013年签署的劳资协议于2022年9月才到期，若确保NHL参加2022年北京冬奥会，必须修改劳资协议。NHL执行总裁戴利表示"NHL参加冬奥会对于联盟来说是一个巨大挑战"，国际冰联主席法赛尔赶赴纽约与NHL高层进行面对面会谈。他首先约见了NHLPA的主席唐·菲尔，随后会见了NHL高层，表达了愿意就保险、飞行费用、球员肖像权的市场应用以及NHL在自己的平台上推广冬奥会（版权免费）进行商谈，换取NHL参加冬奥会的可能性。本次谈判中，NHL可以利用自己的平台推广冬奥会，打破了国际奥委会经营奥运会的众多商业规则，让NHL有利可图，解决了NHL参加冬奥会的"共同营销""参赛成本"等矛盾，让人们看到了NHL回归冬奥会的希望。

然而，新型冠状病毒肺炎疫情暴发。NHL于2020年3月12日中断了比赛。随后几个月，NHL和球员工会频繁开会制定重新恢复比赛的方案，完善一系列手续和规则，确保球员安全。6月初，复赛规则即将制定完成，NHLPA提出球员合同7月1日到期以及领取签约奖金等问题。随着谈判深入以及美国疫情的加剧，加上经济重启的不明朗，双方的谈判充满不确定性。6月10日，新的劳资协定谈判终于拉开帷幕。在这次劳资协议谈判中，双方的团结合作为劳资谈判的圆满解决奠定坚实的基础。由于NHL球员人数众多，球员工会实力较强，通常双方的劳资谈判冗长复杂。与2004～2005赛季、与2012～2013赛季的谈判相比，本次劳资谈判在短短3周内就结束了，并囊括了复赛的烦琐程序，效率之高让人惊讶。

新的劳资协议时间长达6年，从2019～2020赛季季后赛开始，到 2026 年 9 月结束，其中最受关注的是 NHL 将重新回归奥林匹克大家庭，允许球员参加 2022 年北京冬奥会和 2026 年米兰奥会。

NHL 在劳资协议中约定重返冬奥会并非先例，2004～2005 赛季的劳资协议就规定球员可以参加 2006 年都灵冬奥会和 2010 年温哥华冬奥会。每一次 NHL 出现停摆等重大危机，NHL 总是希望球员能够出现在国际赛场上，以弥补停赛给球迷、供应商以及转播商带来的损失，这一次也不例外。

过去几年中，NHL 重视中国冰雪用户，深耕中国市场。NHL 球员也对中国充满期待，而他们则是在此次谈判中坚持要求参加北京冬奥会的核心力量。显而易见，NHL 派遣球员参加 2022 年北京冬奥会以及 2026 年米兰奥会，不仅将再次提高冬奥会的价值，对促进冰球项目的全球传播以及 NHL 的国际推广也具有重要意义。

在夏季奥运会的赛场上 NBA 篮球队球员组成的国家队被称为"梦之队"，在 2020 年北京冬奥会上，我们将有幸看到至少 6 个冰球"梦之队"，3～4 支国家队拥有一半以上的 NHL 球员。根据 NHLPA 预测，将有近 200 名 NHL 球员来到北京，人数将远远超过索契冬奥会的 151 名，身价总额将超过 45 亿美金。可以说，北京冬奥会冰球盛宴将"精彩、非凡、卓越"。

附　　录

Appendix

B.10
2019～2020年冰球大事记

2019年

1月

3日　在 2019 年国际冰球联合会世界锦标赛（U20 顶级组）上，加拿大队在 1/4 决赛中被芬兰淘汰，创造了加拿大国青队近 12 年以来的最差战绩，证明世界冰球进入了一个新的周期。

10日　2019 年国际冰球联合会女子 U18 世界锦标赛甲级 B 组赛在英国举行。在此次比赛中，中国国家女子 U18 冰球队以 2 胜 3

负的成绩保级。

12 日 由浙江电视台制作、国家体育总局冬季运动管理中心协助，全国冬季项目冰球大使易烊千玺和雷佳音以及武大靖等著名运动员出任嘉宾的全国首部冰球题材真人秀《大冰小将》在浙江电视台黄金时间播出。

17 日 在大陆冰球联赛常规赛中，昆仑鸿星万科龙队对战雅罗斯夫火车头队，中国冰球门将孙泽浩替补出场，成为大陆冰球联赛历史上首位出场的中国本土门将。

21 日 在冰岛举办的 2019 年国际冰球联合会 U20 男子世界锦标赛丙级组的比赛结束，中国国家男子 U20 冰球队获得胜利，成功晋级乙级 B 组。

27 日 第 64 届国家冰球联盟全明星赛在圣何塞鲨鱼队主场 SAP 中心球馆拉开帷幕。

2月

11 日 日本冰球协会正式宣布，将不会参加新赛季的亚洲冰球联赛。自 2003 年开始、由中日韩主导的亚洲冰球联赛至此结束。

16 日 2019 张家口首届"京津冀"冰球邀请赛在张家口市正式开赛。

20 日 昆仑鸿星万科龙队时隔 2 年回到北京主场。为冬奥会备战专门建设的首钢冰球馆承办了此次主场赛事，这也是首钢冰球馆建成以来第一次正式举办比赛。

在首钢冰球馆举办的大陆冰球联赛中，昆仑鸿星万科龙队对战俄罗斯符拉迪沃斯托克海军上将队，以 6－3 击败对手。

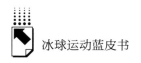

3月

14日 国际冰球联合会通过决议，自2021～2022赛季开始，包括北京冬奥会，国际冰球联合会举办的顶级赛事将使用长60米、宽26米的标准比赛场地，与北美国家冰球联盟的标准一致。缩小的比赛场地将使冰球比赛速度更快，冲撞更为激烈。

19日 中国体育彩票正式引进国家冰球联盟和大陆冰球联盟赛两大世界冰球赛事，这也是中国体育彩票自足球、篮球之后引进的第三个比赛项目。

4月

1日 国际冰球联合会U18世界锦标赛乙级B组赛在塞尔维亚贝尔格莱德进行，中国队以4胜1负获得银牌，取得了自参加这个项目以来的最好成绩。

6日 由国际冰球联合会主办，国家体育总局冬季运动管理中心、中国冰球协会、北京市体育局承办的2019年国际冰球联合会女子冰球世界锦标赛甲级B组比赛在首钢冰球馆开赛。

9～16日 2019年国际冰球联合会男子冰球世界锦标赛乙级A组赛事在塞尔维亚贝尔格莱德举办。

20日 在"加加林杯"总决赛的第四场比赛中，莫斯科中央陆军队凭借比赛第78分钟时马克斯姆·马明的关键进球拿下了"加加林杯"总冠军，这是莫斯科中央陆军队的第一座"加加林杯"总冠军。

29日 U18冰球世界锦标赛顶级组的比赛在瑞典落下帷幕，

在最终的决赛中，东道主瑞典队和俄罗斯队苦战至加时，最终瑞典队凭借小将卢卡斯·雷蒙德的绝杀金球成功夺冠。

5月

3 日 世界顶级女子职业冰球联盟——加拿大女子冰球联盟宣布解散。

10~26 日 男子冰球世界锦标赛在斯洛伐克布拉迪斯拉发和科希策开幕。

18 日 "北汽新能源杯"北京市中小学生校际冰球联赛开幕。

23~25 日 2019 年国际冰球联合会年度大会在斯洛伐克首都布拉迪斯拉发召开。经大会投票表决，中国天津获得 15 票，以 6 票的明显优势领先克罗地亚萨格勒布，成功获得 2020 年国际冰球联合会男子 U18 世界锦标赛乙级 B 组比赛的举办权。

26 日 芬兰冰球队在 2019 年国际冰球联合会男子冰球世界锦标赛决赛中以 3－1 战胜加拿大队，时隔 8 年再登顶峰。

28 日 国家冰球联盟总裁加里－贝特曼在新闻发布会上宣布，由于场地预定问题，国家冰球联盟无法租用场馆，2019 年国家冰球联盟中国赛将取消。加里－贝特曼强调了国家冰球联盟对中国市场的重视，并宣布联盟会设立中国总部。

6月

1 日 2019 年全国冰球锦标赛正式开赛

6 日 《中华人民共和国和俄罗斯联邦关于发展新时代全面战略协作关系的联合声明》提出办好"丝路杯"冰球联赛。

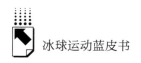
13 日　2019 年"斯坦利杯"总决赛第 7 场比赛开赛,圣路易斯蓝调队击败波士顿棕熊队,夺得总冠军。

14 日　2019 年全国冰球锦标赛在北京奥众冰上运动中心落下帷幕。哈尔滨队夺得男子 A 组和女子组冠军,广东深圳队夺得男子 B 组冠军。

22 日　2019 年的国家冰球联盟选秀大会在温哥华加人队主场罗杰斯体育馆举行。

27 日　国家冰球联盟宣布了 2019 年冰球名人堂入围名单,共有 6 人入围。

7 月

11 日　大陆冰球联赛正式公布新赛季赛程。

24 日　在中国国际文化传播中心、中国冰球协会、俄罗斯冰球协会的批准下,深圳昆仑鸿星冰球俱乐部宣布自 2019～2020 赛季开始,加入俄罗斯女子冰球联赛(WHL)。

27 日　2019 年国际冰球联合会亚洲男子冰球夏令营启动仪式在北京世纪星国际冰雪体育中心举行。

29 日　美国全国大学体育协会(NCAA)冰球 1 级大学亚利桑那州立大学冰球校队到访中国,成为美国高校冰球历史上第一支到访中国的校队。

8 月

2 日　中国冰球联赛 2019～2020 赛季在北京奥众冰上运动中心拉开帷幕,中国首个职业冰球联赛正式诞生,国内职业冰球队拥有了属于自己的职业联赛。

7 日 第二届全国青年运动会冰球比赛在河北省承德市冰上运动中心圆满落幕。本次比赛由国家体育总局主办，中国冰球协会、河北省体育局、承德市人民政府承办，首次设立冰球项目，设立体校男子甲组、体校男子乙组、俱乐部男子乙组、体校女子甲组和体校女子乙组 5 个组别。来自全国范围内的 33 支参赛队伍、900 余名冰球运动员展开激烈比赛。

7 日 中国冰球联赛 2019～2020 赛季第一站比赛在北京圆满结束，美国亚利桑那州立大学队夺冠。

18 日 2019 年全国青少年 U 系列冰球锦标赛（U10 组）青岛赛区在青岛国信滑冰场开赛。

23 日 2019 年"丝路杯"国际女子冰球联赛第一站在北京体育大学冰上运动中心正式开启，国内首个女子冰球联赛拉开序幕。

26 日 北京队以 4 战 4 胜的战绩获得 2019 年全国青少年 U 系列冰球锦标赛 U12 女子组比赛的冠军。

9月

1 日 大陆冰球联赛新赛季揭幕日比赛正式开始。新赛季揭幕战将由上届冠军莫斯科中央陆军队坐镇主场，迎战亚军鄂木斯克先锋队。

3 日 大陆冰球联赛首次来到中国深圳。在深圳大运中心，昆仑鸿星万科龙队迎来了首个对手乌法队。

6 日 北体大昆仑鸿星队正式组建，将参加丝路冰球超级联赛，这也是中国体育史上第一次由大学组织职业冰球俱乐部参加国际性职业联赛。

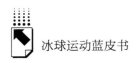

15 日 2019 年全国青少年 U 系列冰球锦标赛 U16 组别的比赛在齐齐哈尔市结束，哈尔滨市男子冰球队夺冠，至此 2019 年全国青少年 U 系列冰球锦标赛圆满落下帷幕。

10月

3 日 2019～2020 赛季国家冰球联盟常规赛正式打响，开赛当天共有 4 场比赛。

19 日 在 2019 年国际冬季运动（北京）博览会上，由中国冰球协会、人民网人民体育和芬兰国家商务促进局联合主办的"2019 年中国冰球发展高峰论坛—中芬冰球论坛"成功举行。

11月

11 日 "战马杯" 2019 年中国大学生冰球锦标赛（首届中国大学生冰球锦标赛）在北京奥众冰上运动中心开幕，本届赛事共吸引了 15 支球队参赛。

12月

31 日 2019 年"步步高杯"亚洲青少年冰球邀请赛在长沙正式开幕。

2020年

1月

8 日 在国际冰球联合会女子 U18 世界锦标赛甲级 B 组比赛

中，中国女子队获得铜牌，取得了近8年来的最好成绩。

2月

3日 在国际冰球联合会U20男子世锦赛乙级B组的比赛中，中国队3胜2负获得铜牌，这也是中国U20男子冰球队近10年来取得的最好成绩。

3月

3日 国际冰球联合会宣布，受新型冠状病毒肺炎疫情影响，取消3月的所有世界锦标赛赛事。

11日 深圳昆仑鸿星万科阳光女子冰球队在俄罗斯女子冰球联赛中获得冠军，这是中国冰球历史第一次在国际性联赛中获得冠军。

12日 受新型冠状病毒肺炎疫情影响，北美职业冰球联赛宣布中断赛季。

25日 受新型冠状病毒肺炎疫情影响，大陆冰球联赛宣布剩余赛事全部取消。

7月

6日 北美国家冰球联盟和球员工会共同宣布8月1日恢复中断的2019～2020赛季，"斯坦利杯"总决赛将于10月之前举行，同时宣布将派球员参加2022年北京冬奥会、2026年米兰冬奥会。

8日 新一期中国男子、女子冰球国家集训队正式组建。

Abstract

This report was jointly written by researchers from Beijing Sport University and domestic experts and scholars in the field of ice hockey. This book consists of General Report, Special Report, Report Case, Reference Report and Appendix. It reviews the history of Chinese ice hockey and National Hockey League (NHL) in the Olympic Games, analyzes the opportunities and challenges confronted by Chinese national ice hockey team, and further discusses the status quo of China's ice hockey tournament system, training market, regional development and clubs.

China is still far behind the world's ice hockey powers. The national ice hockey team urgently needs to improve its competitive strength to prepare for Beijing 2022 Winter Olympic Games. Difficulties in implementing ice hockey policies, poor infrastructure, shortage of reserve talents, and insufficient support from events platforms have become major factors restricting the development of ice hockey in China. In this regard, the following five suggestions are put forward. The first is to strengthen financial support to address issues such as lack of infrastructure; the second is to learn from the talent training models of ice hockey powers such as Finland and Canada to build a diversified ice hockey talent training system suitable for China; the third is to improve the benefits for ice hockey players, broaden the path of athletes to pursue further education and introduce retirement guarantee measures to reassure those reserve talents; fourth is to draw lessons from the training experience of renowned international teams to construct a diversified training model and to improve the teams' competitive level; the last is to build an event brand and platform, and actively emulate international high-level leagues.

Despite weak competitive strength and low mass participation of ice hockey, China enjoys a great potential market with many provinces and clubs dedicating to promote the sustainable development of ice hockey. Heilongjiang province, as the birthplace of ice hockey in China, has developed from a major province in ice hockey to a strong one in the ice hockey industry by combining regional advantages and policy dividends. Club, as a bellwether for the growth of ice hockey, plays an important role in ice hockey reform in China. HC Kunlun Red Star has joined the world's top ice hockey league. This club, as "window" for China's professional ice hockey clubs, plays an crucial role in external exchanges of Chinese ice hockey. Ice Star Group is also committed to youth ice hockey training and takes the lead by optimizing training and education, introducing top-level event systems, innovating techno-service and improving the stadium support system.

Keywords: Ice Hockey; Ice Hockey Club; Winter Olympics

Contents

I General Report

Abstract: This paper briefly reviews the history of ice hockey in China, introduces its current development, opportunities and challenges, and looks forward to its future. At present, the Chinese ice hockey market has entered the fast track of development. But it still faces problems such as lack of public recognition, low-level competition, and weak supply-side matching. As the ice and snow industry springing up, it is expected that ice hockey market will develop from fast to steady with the Beijing Winter Olympics as the demarcation point; extensive ice hockey cultural recognition can tap market potential; technological innovation-based supply-side reforms will promote the growth of ice hockey market in China; improvement of competitive level and mass participation in ice hockey will stimulate the market vitality; integration and innovation will create a comprehensive ice hockey ecosystem.

Keywords: Ice Hockey; Beijing Winter Olympics; Ice Hockey Industry

Ⅱ   Special Report

Abstract: Since the successful bid for Beijing 2022 Winter Olympic Games, Chinese ice hockey has entered a new stage of development. As an important platform for boosting ice hockey, the ice hockey events are conducive to enhancing China's ice hockey strength, stimulating people's enthusiasm for participation and promoting the ice hockey culture transmission. This paper illustrates the current major ice hockey events in China from the perspectives of market and administration, and analyzes the problems existing in the operation of games. Chinese ice hockey now is inadequate in talents, poor in public influence and immature in business model. Measures such as building up quality events, expanding media promotion, and integrating popular culture into ice hockey events shall make Chinese ice hockey events more influential.

Keywords: Ice Hockey; Ice Hockey Events; Winter Olympic Games

Abstract: China's ice hockey market is in its early days, and it still

confronts problems like training, talent training models, infrastructure, popularity, family factors, and policy support. This paper first employs qualitative analysis to explore the current situation of Chinese youth ice hockey, which includes coaching and training of youth ice hockey, the growth path of young players and relevant government policies. It then uses quantitative analysis to investigate the factors affecting the growth of ice hockey. It turns out that population, the number of ice hockey rinks, economic level and low average temperature can all promote youth ice hockey in one country. Concerning the development of youth ice hockey in China, this paper proposes the following six suggestions, namely, increase policy support, regularize the youth training market, improve the youth ice hockey league system, mobilize social ice hockey clubs, encourage family support and participation and build more indoor hockey rinks.

Keywords: Ice Hockey; Youth Sports; Ice Hockey Training

B. 4　Beijing 2022 Winter Olympic Games: Opportunities and

　　　Challenges for the Chinese National Ice Hockey Teams

Han Hua, *Song Hemin* / 064

Abstract: Beijing 2022 Winter Olympic Games has provided both a chance and challenges for the development of Chinese national ice hockey teams. Taking the opportunity of preparing for the Games, our national ice hockey teams has begun to select talents across different categories to add reserve talents and to improve the reserve talent training mechanism. Under the principle of "practice by competition", our national teams has also actively participated in international competitions to improve athletic skills and tactics and to foster teamwork spirit. However, low competition level, inadequate players, insufficient infrastructure, weak technological support and lack of competition platforms restrict the development of national ice hockey teams. Therefore, it is crucial to strengthen policy and technical facilities guarantees, to build a diversified training system and model, and to improve the reserve talent training mechanism, which can level up the national ice hockey teams.

Keywords: Beijing Winter Olympic Games; Ice Hockey; Chinese National Ice Hockey Team

III   Report Case

Abstract: Heilongjiangprovince, as a major province of ice hockey in China, has made great contributions to the development of ice hockey through providing a large number of qualified coaches and players. This paper discusses the current situation of talent training, events organizing and training mode of ice hockey in Heilongjiang province. It introduces the development of ice hockey in the two important cities, Harbin and Qiqihar, as well as the ice hockey industry in Heilongjiang province represented by "Hei Long Skate". Heilongjiang province can explore sustainable development path of ice hockey by improving competitive performance, expanding mass

participation, using policy dividends, perfecting events system and athlete training, and establishing an effective incentive mechanism that takes both government and market regulation into account.

Keywords: Ice Hockey; Ice Hockey Industry; Heilongjiang

B. 6　Analysis of Operation and Management of Professional

Ice Hockey Club

——*Take HC Kunlun Red Star as an Example*

Song Hemin / 090

Abstract: Beijing 2022 Winter Olympic Games and a series of favorable policies for ice and snow sports have brought rare opportunities for China's ice and snow sports. HC Kunlun Red Star, as the first club in China to join the world's top ice hockey league, has created a precedent for Chinese ice hockey to go professional. HC Kunlun Red Star has established a unique "five-in-one" operating model, which integrates external recruitment and internal training to create a "PPP" model of talent training for national team, to strengthen ice rink construction, to carry out sponsorship cooperation based on brand, and to create ice hockey culture to stimulate public's enthusiasm for participation. However, HC Kunlun Red Star still faces problems such as imperfect service system, great disparity in cultural values of management team, and lack of policy support. This paper analyzes the operating status of HC Kunlun Red Star Ice Hockey Club, hoping to provide reference for ice hockey clubs and ice hockey.

Keywords: Ice Hockey; Ice Hockey Club; HC Kunlun Red Star

Abstract: Beijing 2022 Winter Olympic Games and successive introduction of favorable policies for ice and snow sports have brought unprecedented opportunities for the development of ice hockey in China, and also opened up youth ice hockey training market. Ice Star Group is a comprehensive sports group dedicated to youth ice sports training. It has built a "four-in-one" operating system, including training and education, event operations, technology services and venue facilities, to help drive China's ice hockey sports to grow. However, Ice Star Group also faces challenges such as high operating costs, limited venue land resources and lack of event platform support. Ice Star Group can achieve high-quality and sustainable development by improving operational capabilities of ice hockey clubs, the ability to replicate in different places and building an ice hockey event platform.

Keywords: Ice Hockey; Ice Hockey Club; Youth Ice Hockey Training

Ⅳ   Reference Report

Abstract: Ice hockey, as an entertaining and the most professional winter sport, is the only antagonistic court game in Winter Olympic

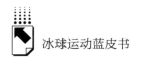

Games. Finland is strong in ice hockey. Through in-depth interviews, this paper systematically studies Finnish national hockey team system, clubs and events system and youth training system, and summarizes the characteristics and deficiencies of Finnish ice hockey. At the same time, combined with status quo of Chinese ice hockey, five enlightenments from the Finnish ice hockey system to the development of ice hockey in China are put forward.

Keywords: Ice Hockey; National Ice Hockey Team; Ice Hockey Club; Youth Ice Hockey Training

B. 9　Analysis on the Development Path of National Hockey

League to the Olympic Games　　　*Li Longmou* / 139

Abstract: National Hockey League is the largest professional league in the Olympic family. However, NHL's road to the Olympics has been bumpy because of labor agreements. This paper reviews the entire Olympic history of National Hockey League and its influence on the Olympics. NHL's participation in the Olympics has expanded the brand influence and increased the revenue of Winter Olympics from royalties and the like. In addition, this paper expounds the unique labor agreement culture of North American occupations, and provides references for the development of Chinese hockey clubs and professional leagues.

Keywords: Ice Hockey; National Hockey League; Winter Olympics

V Appendix

社会科学文献出版社

皮 书

智库报告的主要形式
同一主题智库报告的聚合

❖ 皮书定义 ❖

皮书是对中国与世界发展状况和热点问题进行年度监测，以专业的角度、专家的视野和实证研究方法，针对某一领域或区域现状与发展态势展开分析和预测，具备前沿性、原创性、实证性、连续性、时效性等特点的公开出版物，由一系列权威研究报告组成。

❖ 皮书作者 ❖

皮书系列报告作者以国内外一流研究机构、知名高校等重点智库的研究人员为主，多为相关领域一流专家学者，他们的观点代表了当下学界对中国与世界的现实和未来最高水平的解读与分析。截至2020年，皮书研创机构有近千家，报告作者累计超过7万人。

❖ 皮书荣誉 ❖

皮书系列已成为社会科学文献出版社的著名图书品牌和中国社会科学院的知名学术品牌。2016年皮书系列正式列入"十三五"国家重点出版规划项目；2013~2020年，重点皮书列入中国社会科学院承担的国家哲学社会科学创新工程项目。

中国皮书网

（网址：www.pishu.cn）

发布皮书研创资讯，传播皮书精彩内容
引领皮书出版潮流，打造皮书服务平台

栏目设置

◆关于皮书
何谓皮书、皮书分类、皮书大事记、
皮书荣誉、皮书出版第一人、皮书编辑部

◆最新资讯
通知公告、新闻动态、媒体聚焦、
网站专题、视频直播、下载专区

◆皮书研创
皮书规范、皮书选题、皮书出版、
皮书研究、研创团队

◆皮书评奖评价
指标体系、皮书评价、皮书评奖

◆互动专区
皮书说、社科数托邦、皮书微博、留言板

所获荣誉

◆2008年、2011年、2014年，中国皮书
网均在全国新闻出版业网站荣誉评选中
获得"最具商业价值网站"称号；
◆2012年，获得"出版业网站百强"称号。

网库合一

2014年，中国皮书网与皮书数据库端口
合一，实现资源共享。

权威报告・一手数据・特色资源

皮书数据库
ANNUAL REPORT(YEARBOOK) DATABASE

分析解读当下中国发展变迁的高端智库平台

所获荣誉

- 2019年，入围国家新闻出版署数字出版精品遴选推荐计划项目
- 2016年，入选"'十三五'国家重点电子出版物出版规划骨干工程"
- 2015年，荣获"搜索中国正能量 点赞2015""创新中国科技创新奖"
- 2013年，荣获"中国出版政府奖・网络出版物奖"提名奖
- 连续多年荣获中国数字出版博览会"数字出版・优秀品牌"奖

成为会员

通过网址www.pishu.com.cn访问皮书数据库网站或下载皮书数据库APP，进行手机号码验证或邮箱验证即可成为皮书数据库会员。

会员福利

- 已注册用户购书后可免费获赠100元皮书数据库充值卡。刮开充值卡涂层获取充值密码，登录并进入"会员中心"—"在线充值"—"充值卡充值"，充值成功即可购买和查看数据库内容。
- 会员福利最终解释权归社会科学文献出版社所有。

社会科学文献出版社 皮书系列
SOCIAL SCIENCES ACADEMIC PRESS (CHINA)
卡号：225638986922
密码：

数据库服务热线：400-008-6695
数据库服务QQ：2475522410
数据库服务邮箱：database@ssap.cn
图书销售热线：010-59367070/7028
图书服务QQ：1265056568
图书服务邮箱：duzhe@ssap.cn

基本子库
SUB DATABASE

中国社会发展数据库（下设 12 个子库）

整合国内外中国社会发展研究成果，汇聚独家统计数据、深度分析报告，涉及社会、人口、政治、教育、法律等 12 个领域，为了解中国社会发展动态、跟踪社会核心热点、分析社会发展趋势提供一站式资源搜索和数据服务。

中国经济发展数据库（下设 12 个子库）

围绕国内外中国经济发展主题研究报告、学术资讯、基础数据等资料构建，内容涵盖宏观经济、农业经济、工业经济、产业经济等 12 个重点经济领域，为实时掌控经济运行态势、把握经济发展规律、洞察经济形势、进行经济决策提供参考和依据。

中国行业发展数据库（下设 17 个子库）

以中国国民经济行业分类为依据，覆盖金融业、旅游、医疗卫生、交通运输、能源矿产等 100 多个行业，跟踪分析国民经济相关行业市场运行状况和政策导向，汇集行业发展前沿资讯，为投资、从业及各种经济决策提供理论基础和实践指导。

中国区域发展数据库（下设 6 个子库）

对中国特定区域内的经济、社会、文化等领域现状与发展情况进行深度分析和预测，研究层级至县及县以下行政区，涉及地区、区域经济体、城市、农村等不同维度，为地方经济社会宏观态势研究、发展经验研究、案例分析提供数据服务。

中国文化传媒数据库（下设 18 个子库）

汇聚文化传媒领域专家观点、热点资讯，梳理国内外中国文化发展相关学术研究成果、一手统计数据，涵盖文化产业、新闻传播、电影娱乐、文学艺术、群众文化等 18 个重点研究领域。为文化传媒研究提供相关数据、研究报告和综合分析服务。

世界经济与国际关系数据库（下设 6 个子库）

立足"皮书系列"世界经济、国际关系相关学术资源，整合世界经济、国际政治、世界文化与科技、全球性问题、国际组织与国际法、区域研究 6 大领域研究成果，为世界经济与国际关系研究提供全方位数据分析，为决策和形势研判提供参考。

法律声明

　　“皮书系列”（含蓝皮书、绿皮书、黄皮书）之品牌由社会科学文献出版社最早使用并持续至今，现已被中国图书市场所熟知。“皮书系列”的相关商标已在中华人民共和国国家工商行政管理总局商标局注册，如LOGO（ ▚ ）、皮书、Pishu、经济蓝皮书、社会蓝皮书等。“支书系列”图书的注册商标专用权及封面设计、版式设计的著作权均为社会科学文献出版社所有。未经社会科学文献出版社书面授权许可，任何使用与“皮书系列”图书注册商标、封面设计、版式设计相同或者近似的文字、图形或其组合的行为均系侵权行为。

　　经作者授权，本书的专有出版权及信息网络传播权等为社会科学文献出版社享有。未经社会科学文献出版社书面授权许可，任何就本书内容的复制、发行或以数字形式进行网络传播的行为均系侵权行为。

　　社会科学文献出版社将通过法律途径追究上述侵权行为的法律责任，维护自身合法权益。

　　欢迎社会各界人士对侵犯社会科学文献出版社上述权利的侵权行为进行举报。电话：010-59367121，电子邮箱：fawubu@ssap.cn。

社会科学文献出版社